ORÉ AWÉ ROIRU'A MA

Todas as vezes que dissemos adeus *Whenever we said goodbye*

Kaka Werá Jecupé

ORÉ AWÉ ROIRU'A MA

Todas as vezes que dissemos adeus *Whenever we said goodbye*

Kaka Werá Jecupé

Centro de Estudos Marina e Martin Harvey
Editorial e Comercial Ltda

© Kaka Werá Jecupé 2002

Direitos desta edição reservados a / *All rights reserved to:*
TRIOM – Centro de Estudos Marina e Martin Harvey
Editorial e Comercial Ltda.
Rua Araçari, 218
01453-020 – São Paulo – SP – Brasil
Tel: 11 3078-6588 / Fax: 11 3078-6966
e.mail: editora@triom.com.br
www.triom.com.br

Dados Internacionais de Catalogação na Publicação (CIP)
(Câmara Brasileira do Livro, SP)

Jecupé, Kaka Werá
Oré awé roiru'a ma – Todas as vezes que
dissemos adeus – Whenever we said goodbye;
fotos Adriano Gambarini. 2ª ed. rev. e com novas fotos.
São Paulo : TRIOM, 2002.

Versão para o inglês de Lance F. Gaddy
ISBN 85-85464-46-1

1. Índios da América do Sul – Brasil   Cultura
2. Índios Guarani I. Gambarini, Adriano. II. Título.
III. Título: Todas as vezes que dissemos adeus.
IV. Título: Whenever We Said Goodbye.

02-3219   CDD-980.41

Índices para catálogo sistemático:

1. Brasil : Índios : Cultura 980.41
2. Índios : Brasil : Cultura 980.41

Projeto gráfico,capa e editoração / *Cover and lay-out:* Frédéric Berthélémé, Monica Schoenacker
Produção e edição das imagens / *Production and image editing:* Monica Schoenacker
Fotos / *Photos:* Adriano Gambarini
Versão para o inglês / *Translation into English:* Lance F. Gaddy
Revisão / *Proof reading:* Patricia Wiesenthal, Dati Wiesenthal, Helena Heloisa Wanderley Ribeiro, Ruth Cunha Cintra

Agradecemos a Walter e Silvana da AMOA KONOYA Arte Indígena pelo empréstimo de objetos do acervo da loja.
We thank Walter and Silvana from AMOA KONOYA Arte Indígena for lending objects from their shop collection.
Agradecemos a participação nas fotos dos moradores da aldeia guarani do Pico do Jaraguá.
We thank the participation of the Pico do Jaraguá Guarani people in the photographs.

Edição patrocinada por / *Sponsored by* Revista Primeira Leitura e CETRANS

5% da renda obtida com a venda desta edição reverterá para os projetos sociais do Instituto Arapoty.
5% of the sales of this edition will go to the social projects of Instituto Arapoty.

A toda a minha família material e espiritual
pelo apoio, proteção e ensinamentos.

For all my physical and spiritual family, in gratitude
for the support, protection and teachings.

E a todos os guerreiros do arco-íris sagrado
que lutam pela luz na Terra.

For all the warriors of the sacred rainbow
who fight for light on Earth.

Kaka Werá

Introdução

Acolhimento, pertencimento, aprendizagem, vivência e expressão, tempo-espaço são palavras significativas quando falamos de cultura. Cada cultura é uma expressão multirreferencial e multidimensional da realidade. A multirreferencilidade diz respeito à diversidade constituída pela visão de mundo e expressões artística-político-social-espiritual de uma dada cultura. A multidimensionalidade refere-se à noção de diferentes níveis de realidade através dos quais ela se manifesta. Neste sentido, cada cultura se revela através de um nível prático-gestual, suas ações e ritos; de um nível lógico-epistêmico, suas formas de pensar e de conhecer; de um nível mítico-simbólico, suas maneiras de sentir, de expressar e de articular a intuição sensível e racional; e de um nível de mistério, aquele constituído pelo insondável, inominável, indizível e que, por vezes, se espelha por abstrações e metáforas.

Assim, podemos dizer que as culturas não são disciplinas; seu universo parece ser muito mais de uma natureza transdisciplinar, daquilo que está entre, através e além das disciplinas. Sejamos conscientes ou não, nosso "ser no mundo", desde o seio da mãe até a morte, é impregnado por um substrato cultural. Somos cidadãos de uma cultura ou, até mesmo, de mais do que de uma única cultura e, talvez, também, de um espaço onde diferentes culturas podem dialogar.

Falar de cultura é falar de identidade, de raízes, de uma dinâmica própria. Contudo, nenhuma cultura pode pretender monopolizar a realidade. Mantendo sua individualidade, cada cultura deve encontrar uma forma de se conectar com outras culturas no lugar onde o diálogo transcultural é fértil, integrador e libertador. Que ousada e bela tarefa para a cultura e para a transcultura!

Comungando neste mesmo espírito, a Revista Primeira Leitura e o CETRANS – Centro de Educação Transdisciplinar da Escola do Futuro da USP, apresentam aos leitores este livro que, com certeza, encantará a todos aqueles que o lerem, pois a narrativa de Kaka Werá nos faz perceber toda a riqueza cultural do povo indígena brasileiro e, assim, podemos compreender melhor de onde viemos e para onde queremos ir.

Vitoria e Luiz Carlos Mendonça de Barros

Introduction

Honouring, belonging, learning, experience and expression, and time and space are all very meaningful words when the subject is culture. Culture is a multi-referential and multidimensional expression of reality. The multi-referential aspect is related to the diversity made up of the world-view and the artistic-political-social-spiritual expression of any given culture. Whereas, the multidimensional one is related to the different notions of reality through which culture manifests itself. Thus, culture reveals itself through practical-gesticulatory means - its actions and rites; through logical-epistemological means - its way of thinking and knowing; on a mythical-symbolical level - ways of feeling, expressing and articulating rational and sensitive intuition; and from a level of mystery, made up of the fathomless, the innominate and the unspeakable which sometimes is mirrored through abstractions and metaphors.

Therefore, one may say that cultures are not subject-matters; their universe appears to be much more of a trans-disciplinary nature, something that is within, between, beyond and trans-disciplinary. Whether conscious of it or not, our 'world self', from the mother's womb to our demise, is impregnated by an underlying culture. We are citizens of a certain culture or, even of more than one, and also belonging to some space from where several cultures may enter into contact.

To talk about culture means to talk about identity, of roots, of a certain peculiar dynamics. Nevertheless, no culture retains the whole truth. By keeping its individuality, all and any of them must find its own way of connecting with others where the trans-cultural dialogue can be fertile, integrative and liberating. What a farfetched and beautiful task for culture and trans-culture!

Sharing this same spirit, Revista Primeira Leitura and CETRANS – Centro de Educação Transdiciplinar da Escola do Futuro da USP, introduce this book to the readers who will certainly become enraptured by Kaka Werá's narrative, which makes us realise the great richness of the Brazilian indigenous culture and, as a result, understand more fully where we are from and where we want to go.

Vitoria and Luiz Carlos Mendonça de Barros

Prefácio à primeira edição

"Belas Palavras": assim os índios guaranis denominam as palavras que lhes servem para se dirigir a seus deuses. A Bela Linguagem, fala sagrada, agradável ao ouvido dos divinos, que as consideram dignas de si. Rigor de sua beleza na boca dos sacerdotes inspirados que as pronunciam; embriaguez da sua grandeza no coração dos homens e das mulheres que as escutam. Esses ne'e porã, essas Belas Palavras, ecoam ainda nos lugares mais secretos da floresta que, desde sempre, abriga aqueles que, autonomeando-se Ava, os Homens, se afirmam assim depositários absolutos do humano. Homens verdadeiros, portanto, e, exacerbados por um orgulho heróico, eleitos dos deuses, marcados pelo sinal divino, esses que se dizem igualmente os jeguakava, os Adornados. As plumas das coroas que ornam suas cabeças murmuram ao ritmo da dança celebrada em homenagem aos deuses. A coroa reproduz a chamejante cabeleira do grande deus Tupã.

Quem são os guaranis? Da grande nação cujas tribos, na aurora do século XVI, contavam seus membros às centenas de milhares, só subsistem ruínas hoje em dia: talvez cinco ou seis mil índios, dispersos em minúsculas comunidades que tentam sobreviver à margem do homem branco. Estranha existência a deles. Agricultores de queimada, a mandioca ou o milho asseguram-lhes, bem ou mal, sua subsistência. E, quando precisam de dinheiro, alugam seus braços aos ricos exploradores da região. Uma vez decorrido o tempo necessário à aquisição da soma desejada, voltam silenciosamente às estreitas trilhas que se perdem no fundo da floresta. Pois a verdadeira vida dos índios guaranis desenrola-se, não às margens do mundo branco, mas muito mais longe, onde continuam a reinar os antigos deuses, onde nenhum olhar profanador do estrangeiro de boca grande corre o risco de alterar a majestade dos ritos.

Poucos povos testemunham uma religiosidade tão intensa, vínculos tão profundos, aos cultos tradicionais, vontade tão férrea de manter em segredo a parte sagrada do seu ser. Às investidas ora malsucedidas, ora brutais dos missionários, opõem sempre uma recusa: "Guardem seu Deus! Temos os nossos!" E tão potente era seu zelo em proteger de toda conspurcação seu universo religioso, fonte e fim de sua força de viver, que até em data recente o mundo branco permanecia na total ignorância desse mundo dito selvagem, desse pensamento do qual não se sabe o que o torna mais admirável, se sua profundidade propriamente metafísica ou a suntuosa beleza da linguagem que o exprime.

Pierre Clastres

Preface to the first edition

"Beautiful Words": this is how the Guarani Indians call the words used to address their gods. The Beautiful Language, sacred speech, music to the divine ears, regarded as worthy of their divinity. Flawless beauty in the inspired mouth of the shamans who utter those words; bliss brought by their grandeur to the hearts of men and women who hear them. These ne'e porã, the Beautiful Words, still reverberate in the most secret places of the forest that has sheltered, ever since the beginning of times, those who call themselves Ava, Men, and who claim to be the absolute guardians of humanity. Real men, therefore, and taken over by exaggeration of their heroic pride, claim to be god chosen, branded with the divine signal, the jeguakawa, the Adorned ones. The crown feathers that decorate their heads hum by the rhythm of their dance to celebrate and pay homage to their gods. The crown reproduces the fiery hair of the great god Tupã.

Who are those Guaranis? The great nation of tribes, which members, at the dawn of the 16th century were counted in hundreds of thousands, has been reduced to ruins and today there are, maybe, 5 or 6.000 Indians scattered around tiny communities, trying to survive marginally to white men. Theirs is a very strange existence. Farmers, who resort to burnings, grow manioc and corn, which, some way or another, ensure their subsistence. And, when they need currency, they lend their hands to local white settlers. Once they have gathered enough for their purpose, they silently go back along the narrow trails, which run endlessly into the forest. So, Indian reality does not run side by side with the white world, but farther apart, where the old gods still rule, where no foreigners with big mouths and strange looks may desecrate and jeopardise the majesty of their rituals.

Few people experience such intense spirituality, such intense connection with the traditional cults, such a strong willpower to keep their sacred beings secret. To the thrusts of the missionaries, whether unsuccessful, whether brutal, they always resist with the same refusal: "Keep your God! We have ours!" And, so powerful was their zeal to protect their religious universe from defilement, since that is the source and purpose of their life force, that the white world remained ignorant, until very recently, of this so-called savage world, of that thought which is wonderful in its actually metaphysical depth and its expression in such a magnificent beautiful language.

Pierre Clastres

Prefácio à segunda edição

Quando foi publicada a primeira edição deste livro, em 1994, a cultura indígena brasileira até então era apresentada sempre na voz de um antropólogo ou de um indigenista, ou então sob a visão de um cientista social. Além disso, o imaginário e a mídia mantinham a idéia de que os povos indígenas no Brasil estavam todos na Amazônia ou no Parque Nacional do Xingu, no Mato Grosso, ao norte. Mantinham também a idéia de que os últimos narradores eram exóticos oradores, completamente isolados da chamada sociedade envolvente. De modo que, quando este livro saiu, incomodou uma certa casta de tutores dos remanescentes das etnias mais antigas das terras brasileiras, que faziam questão de continuar cultivando suas tutelas.

Esta história se passa em São Paulo, sudeste do Brasil, uma das maiores cidades do mundo. Nela, pelas suas bordas, estão menos de três por cento da floresta (Mata Atlântica) que restou nas suas imediações. Está ali a poluída represa Billings e o deteriorado rio Pinheiros, com seu curso invertido e servindo de escoamento de esgoto das indústrias paulistas. Neste cenário situam-se as duas últimas aldeias indígenas de São Paulo. Ao sul da cidade a aldeia guarani de Barragem e, ao norte, a aldeia também guarani do pico do Jaraguá.

Este povo, cerca de setecentas pessoas somando-se as duas aldeias, é visto pela população em torno como formado por indigentes, favelados ou mendicantes. Andam com as roupas que lhes são dadas em campanhas filantrópicas e moram em casas improvisadas. Por causa disso, muitas vezes não são mais considerados índios. No entanto este povo guarda e pratica as suas crenças mais sagradas. Enfrenta os desafios de assimilação e de transformação de alguns padrões de costumes materiais e mantém a cosmovisão que sustenta a alma.

Este trabalho foi o inicio da própria voz indígena, em meio à sociedade envolvente, se fazer escrita. Mostrando suas iniciações interiores, suas percepções deste mundo que se desmorona e busca se reconstruir a cada dia. A busca de raízes mais profundas do ser. Por isso ele foi escrito no ritmo das inquietações do ser. No ritmo das memórias fragmentadas que lutam para formar uma coesão. Memórias que se agrupam para tentar encontrar o si mesmo de cada um e a importância das raízes ancestrais neste 'si mesmo'.

Existem muitos índios andando pelas grandes cidades, desaldeados de sua cultura pelo lado exterior. Mas buscando a sua aldeia interior através de suas raízes sagradas. A eles eu dedico este trabalho.

Kaka Werá Jecupé - maio de 2002

Preface to the second edition

By 1994, when the first edition of this book was published, Brazilian Indian Culture was, as a rule, addressed only by anthropologists, experts on Indian tribes or through the social-scientists' viewpoints. Furthermore, Media and Myth kept the notion that Brazilian Indians were all confined to the Amazon region and Parque Nacional do Xingu (an Indian Reserve in the north of the state of Mato Grosso). Another current notion was that the last Indian storytellers were exotic individuals completely isolated from the so-called established society.

When this book was launched, therefore, it disturbed some caste of tutors of the remaining Brazilian heathen tribes, and they made it a point of honour to keep cultivating their leading power.

This story is set in São Paulo, one of the biggest cities in the world, southeastern region of the country. On the outskirts of the city there remains less than three per cent of the local Mata Atlântica rainforest. Also there is the polluted reservoir called Billings and the deteriorated Pinheiros River with its conversed course that serves as refuse outlet to many local industrial plants.

This is the background for two of the last Indian settlements in the state. To the south of the city there is the Guarani tribe of Barragem, and to the north the also Guarani tribe of Jaraguá peak. Such people, about 700 from both tribes, are considered by the neighbouring communities to be paupers, destitute and beggars. They wear clothes given by philanthropic campaigns and dwell in improvised housing. That is the reason why they are frequently regarded as no longer Indians.

Nevertheless, such people keep and practise their most sacred beliefs. They face the assimilation challenges and the transformation patterns of material habits, keeping the cosmic vision that holds their souls together.

This work represents the beginning of the 'written' Indian voice amid the surrounding society. It shows their initiations within, as well as their perceptions of a crumbling world that seeks to rebuild itself again and again. It also shows their search for the deepest roots of the Self. Therefore, it has been written with the same pace of the anxiety of being; the pace of fragmented memories fighting to build up some sort of cohesion. Such are the memories that come together in an attempt to find their own Self and the importance of the ancestral roots within. There are several Indians roaming around the big cities, uprooted from their culture in the outside, but who are, nonetheless, seeking their settlement within through their sacred roots. To them I dedicate this book.

Kaka Werá Jecupé - may 2002

"O py'a jeguakare a'e oiko oikovy
gyvara py mba'ekua ápy o ñe mbo-kuaray
i oiny o yva rã o guero-jera ey mboyne i.
Tu-pã an namandú tenondé gua.
Tu-pã an Papa Tenondé."

"Aquele que existe iluminado pelo reflexo de seu próprio coração.
O que é e se serve de Sol e Sabedoria contidos em sua própria divindade.
O que antes de haver-se criado, incriou-se, no curso de sua evolução futura,
que já é passada, sendo presente.
A Luz-pai-mãe primeira desdobrando-se em seu desdobrar.
A Luz-pai-mãe que abraça a criação."

"What exists, illuminated by his own heart's reflection
What is, that uses the Sun and the Wisdom contained in his own divinity
What is, that prior to self-creation, existed in himself, during the course of his future evolution,
which is already past, being present.
The Light-father-primary mother, unfolding within its own deployment
The Light-father-mother
That embraces creation."

Prólogo
Foreword

Eu sou Kaka Werá Jecupé, um Txukarramãe que percorre o caminho do Sol, de acordo com a pintura do urucum escrita nesse corpo que guarda a história milenar do nosso povo, desde os Tubaguaçus primeiros, desde os Coroados primeiros, os primeiros Tupinambás – os adornados da plumagem do arco-íris em cintilantes cocares, os que desde sempre desenham e talham as douradas flechas dos raios de Tupã – pelos tempos, luas e luas.

Fui nomeado pelos guaranis da aldeia Krukutu e da aldeia Morro da Saudade, em São Paulo; consagrado por um velho pajé ao redor de uma fogueira, ao redor de cantos sagrados no Opy, a casa de rezas. Ao redor das estrelas de uma noite que foi tecida na quarta lua do ano da semente entonada amarela, de acordo com o calendário dos ancestrais.

A tribo dos meus pais e de meus antepassados moravam ao norte do país, espalharam-se pelas cidades mineiras a partir das margens do rio São Francisco, tornando-se peões das fazendas que brotavam nos cerrados como erva daninha; outros foram tornando-se sitiantes, rezadores, benzedeiras,

I am Kaka Werá Jecupé, a Txukarramãe that follows the sun's trail, according to the urucum painting, written in this body, that guards our people ancient story, since the first Tubaguaçus, since the first Coroados, the first Tupinambás – the adorned ones, with the rainbow plume of shining colours cockades, the ones that for all time have drawn and carved Tupã's rays golden arrows – through time, moons and moons. I was named by the Guaranis from the Krukutu and the Morro da Saudade villages, in São Paulo, consecrated at the fireside by an old pajé, close to holy chants in the Opy, the house of prayers, near the stars of a night that was woven in the fourth moon of the yellow-toned seed, according to the ancestor's calendar.

My father and forefathers' tribe was settled in the North of the country; they dispersed throughout Minas Gerais cities, starting on the banks of the São Francisco river, becoming farm hands that sprouted in the cerrados vegetation like plague urchins; others became small ranchers, praying men, blessing women, drifters, wanderers, half-breed,

andarilhos, errantes, caboclos, pescadores, mendicantes, sitiados, artesãos, matutos, capiaus, caipiras...

Meus Espíritos Instrutores (os Tamãi) empurraram-me na boca do jaguar, essa yauaretê chamada metrópole, creio que como prova, para que aprendesse e comesse dessa língua e cultura de pedra e aço. Foi assim que comi o pão que a civilização amassou. Sobrevivi. Por isso, devorei o cérebro dessa cidade.

Sonhei que os Tamãi deram-me a incumbência de contar um pouco da minha história, da minha vida entre dois mundos, e de revelar alguns mistérios da tradição milenar ensinada pelos Antigos, os que aqui habitavam desde sempre.

Neste sonho firmei o compromisso de traduzir da vermelha 'escrita-pintura' de meu corpo para o branco corpo desta 'pintura-escrita'. Cumprindo a tarefa nesse relato, para tingir o que até então no mundo tem parecido 'intingível', a mistura do vermelho sobre o branco resultando na cor da vida.

E nesse contar eu sou o espírito de cada folha, cada planta, cada brisa pronunciada. Eu sou cada pedra no caminho e cada vento, cada dia de sol e cada noite de lua e cada brisa; e cada brilho de cada estrela. Nesse contar eu sou o fluxo límpido da cachoeira e do rio, e de toda água que preenche o grande mar. Eu sou a voz da terra pisada assim como da terra tocada. Pois aceitei por inteiro a missão de ser um porta-voz à surda metrópole com seus ornamentos de néon e a beleza cosmética de sua face, cujos antepassados vestiram meu povo de costumes, hábitos, espelhos. E que, embora os hábitos procurassem ter feito monges, criaram violências. Assim, fui compreendendo que há algo da

fishers, beggars, field workers, artisans, bushwhackers, backwoodsmen, country bumpkins...

My Spirit Instructors (the Tamãi), as a challenge, I believe, pushed me through the jaguar mouth, this yauaretê called metropolis, in order to learn and eat from that stone-and-steel language and culture. Thus, I ate the bread that was baked by civilisation. I survived. To achieve this, I had to devour the city's brain.

I dreamed that the Tamãi gave me the incumbency to tell some of my history, of my life between two worlds, and to reveal a few mysteries of the ancient tradition taught by the Elders, those that resided here since the beginning.

In that dream I pledged to translate from my body the red 'painting-writing' to the white body of this 'writing-painting'. Accomplishing the task in this account, to dye what in the world, until now, was 'undyeble', the mixture of the red upon the white, resulting in the colour of life.

And in this account, I am the spirit of each leaf, each plant and each whispered breeze. I am each stone in the path and each wind, each sunny day and each moonlit night, and each breeze, and the light of each star. In this account, I am the waterfall and the river's limpid flow and the flow of all the water that fills the great sea. I am the voice of the crushed land as well as the touched earth.

For I have entirely accepted the mission of being the herald to the deafened metropolis, with its neon ornaments and its face of cosmetic beauty, whose ancestors dressed my people in costumes, habits, mirrors and, even though these habits tried to make monks out of us, they created violence. Thus I came to understand that there is something from the

terra, do ar, da água e do fogo do Conhecimento da tribo de onde vim que precisa ser partilhado. Para ensolarar turvas sombras, perigosas, de jaguares, capazes inclusive de fazer com que, por ignorância, destruam a grande Mãe. Então eu vim para mostrar a nudez do meu povo. A claridade do coração. Eu vim para nos despirmos. Para descobrirmos os brasis. Para descobrimos os brasileiros. Para conversarmos juntos ao pé do fogo. Infelizmente, em tom de emergência, de apelo. É esse o sentido de contar o que tenho para contar. Os seres da natureza e a Grande Mãe temem e sopram aos nossos olhos e ouvidos uma urgência. A tradição milenar que compôs meu espírito tem mantido a minha sobrevivência e a de meu povo. Agora, porém, não é a de minha vida nem a de meu povo que está em jogo. É a de todos. É a das culturas e nações semeadas pela extensão do carinho e da enorme bondade dessa Mãe a que chamam Terra. Por isso eu passo a ser também a voz que partilha um aprendizado. Para nos superarmos, para sobrevivermos, para reinventarmos a vida. Ofereço a sabedoria milenar da tribo, embora ela não esteja toda aqui, como troca do conhecimento que de vós recebi. Comi de vosso cérebro; agora, como manda a tradição, ofereço o meu espírito. Esse mesmo que navega no silêncio das palavras, pois ele comporta essa sabedoria que não é minha. É nossa. E aqui deve ser repartida, trocada. Assim diz a Lei dos povos da floresta. Então, passo pela memória a contar minha vida, desde a barriga da minha mãe, até aquele dia dourado em que encontrei, sob um pé de acácia, numa cidade feita de cachos e cachos de acácia por entre seus quarteirões, os verdes, os verdes olhos do amor, no caminho da minha vida.

earth, the air, the water and the fire of the knowledge of the tribe from where I came that must be shared. To drench in sunlight the jaguar's dark and dangerous shadow, capable even, through ignorance, of destroying the Great Mother.
Thus I came to display my people's nakedness. The Heart clearness. I came for us to unclothe. For us to discover the existing Brazils. To discover the Brazilians. For us to talk together by the fireside. Unfortunately in pressing tone, appealing tones. That is the meaning of relating what I have to account. The beings of nature and the Great Mother fear, they lighten our eyes and whisper to our ears in urgency. The ancient tradition that moulded my spirit has kept my own survival as well as my people's.
Now, however, neither my life nor my people's are at stake. It is everyone's. The cultures and nations seeded by the gentleness and enormous kindness of the Mother who is called Earth.
Thus I also become the voice that shares an apprenticeship. For us to overcome ourselves, for us to survive, to recreate life. I offer the tribe's ancient wisdom, even though not all of it is herein contained, as an exchange for the knowledge I, from you, received. I ate from your brain. Now, as tradition requires, I offer my spirit. The same one that navigates within the silence of words, for it withholds this wisdom that is not mine. It is ours. It must be shared here, exchanged.
Thus says the Law of forest people. Now, I will let my memory relate my life, since my mother's womb, until that golden day, when I found under an acacia tree, in a town made of heaps of acacia clusters among its city blocks, the green, the green eyes of love, in the path of my life.

Antes do tempo
tecer sua plumagem

Before time
wove its plumage

Estrela cadente risca o céu. Olhos iluminados de lua. Crescente. Quietos. Debruçados no silêncio do mês de janeiro após a cerimônia do Ni-mongaraí, o ritual de batismo, o momento onde se recebe o nome da alma, indicando a linhagem espiritual de onde ela provém. Olhávamos a fala quente do fogo estalando no tempo, acabamos de dançar o jeroky (o som claro e curto do movimento do pés ao toque dos passos no tom da terra; pulando, girando, circulando; pulsando a 'luz-sangue' da Grande Mãe. Cor de urucum. Traçando na pele e na face o sentimento mais límpido daquela que nos provê, daquela que sustenta a carne da nossa alma, daquela que nos mantém de pé, no caminho); sim, acabamos de dançar a bela dança, quente ainda no corpo de cócoras perto da fogueira. Tiramãe Tujá, o antigo, sentou-se. Descansava seus ossos do século que sustentavam. Agora as chamas é que dançam enquanto nós repousamos. Ele acendeu o petenguá, seu cachimbo de cura, quebrou calmamente o silêncio silvado do fogo:
– O que eu vou falar vem da sabedoria dos mais antigos que eu, vem dos Tamãi, vem da época dos grandes Tubaguaçus...
Pitamos. Fitei-lhe.

A shooting star streaks the sky. Shining moon eyes. Crescent. Quiet. Bent in the silence of a January month, after the Ni-mongaraí ceremony, the baptism ritual, the moment when the soul's name is received, indicating the spiritual lineage from where it came. We looked upon the hot speech of the fire, crackling through time. We had finished dancing the jeroky (the clear and short sound of feet movements to the touch of steps in the tune of the earth; jumping, rolling, circling; pulsing the 'blood-light' of the Great Mother. Urucum colour streaking the skin and face with the most limpid sentiment of the one that provides for us, the one that nourishes the flesh of our soul, the one that keeps us standing in the path); yes, we had just finished dancing the beautiful dance, body still warm, squatting by the fire. Tiramãe Tujá, the old one, seated, resting his bones from the century they supported. Now, it was the flames that danced while we rested. He lit the petenguá, his healing pipe, calmly breaking the silence of the whistling fire: "What I will say comes from the wisdom of Elders older than I. It comes from the Tamãi, it comes from the era of the great Tubaguaçus..." We smoked. I stared at him. I was waiting for the sacred name through which I would be identified in

Eu esperava o sagrado nome com o qual seria reconhecido na tribo. Brilhava sua velhice acocorada e dizia de pausa em pausa:

–... de onde o tempo não é, vem o som-alma... Sorrimos leve e nos servimos de abundante quietude.

–... de Tupã. Aquele que existe iluminado pelo reflexo de seu próprio coração. O que sempre é e serve-se de Sol e Sabedoria contidos em sua própria divindade. O que antes de haver-se criado, increiou-se, no curso de sua presença e evolução futura, que já é passada, sendo presente. A Luz-pai-mãe primeira desdobrando-se em seu desdobrar. A Luz-pai-mãe que abraça a criação...

As brasas, o chão e até a brisa, também participavam desse ensinamento.

– Tupã (acendeu o petenguá com o vermelho do carvão da fogueira) quando sopra sua fala-canto, tudo se cria... a vida; ovo primeiro, é sopro do petenguá de Tupã, a vida é o oka-vusu, é fogo exalado de seu hálito, fazendo um que é dois, fazendo o três, fazendo o quatro, fazendo a mão...

Ia me dizendo apontando os dedos e a mão, por entre seus silêncios, para que eu pudesse entender:

– Você é uma semente entonada amarela.

Cada semente, de acordo com seu 'desenho-luz', é única. Traçada pelo Pai cósmico, é um raio desdobrado de Tupã...

Enquanto falava seu tom vibrava com as chamas. O velho tornava-se pausa, com nítida intenção de que meu coração participasse.

– Olhe em volta, tudo é o Pai cósmico que orienta esse filho 'espírito-música-dança', para que se desdobre em continuação da 'grande Vida'. Em seu desdobrar, o sopro do nome desliza por um dos

the tribe. His squatted elderliness shone and he said from pause to pause:

"... from where time is not, comes the soul-sound..." We smiled and helped ourselves of abundant quietness.

"... from Tupã. The one that exists lighted by the reflection of his own heart. The one that always is and helps himself of Sun and Wisdom contained in his own divinity. The one that, prior to self-creation, existed in himself, in the course of his presence and future evolution, which is already past, being present.

"The Light-father-primary mother, unfolding in its own deployment. The Light-father-mother that embraces creation..."

The burning coals, the ground and even the breeze were engaged in that teaching.

"Tupã, (he lit the pentaguá with the ember coal from the fire) when his speech–chant blows, everything is created... life. The first egg is the blow from Tupã's pentaguá. Life is the oka-vusu, it is the fire exhaled by his breath, making one that is two, making the three, making the four, making the hand..."

He was telling me these things while showing his fingers and hand, among his silences, so that I may understand:

"You are a yellow-toned seed. Each seed, according to its 'drawing-light', is unique. Traced by the cosmic Father, it is a ray unfolded by Tupã..."

While speaking, his tone vibrated with the flames. The old man turned to pause, with the intention of making my heart participate.

"Look around, all is the cosmic Father that guides this son 'spirit-music-dance', so that it may unfold in the sequence of the 'great Life'. In its deployment, the name's breath slides through one of the Four Corners.

Quatro Cantos. Mandados por um dos sete 'Raios-Pai' desdobrados de Tupã. Olhe meu filho, é entre o nascente e o ponte que a Mãe Terra inspira as almas. É entre o sul e o norte que a Mãe Terra expira as almas. Por estes quatro cantos flui a grande vida. Por estes quatro cantos os nomes descem à Terra. Por estes Quatro Cantos as palavras encarnam, tornam-se gente.

Apontava-me o Leste, o Norte, o Sul, o Oeste.

– Por esta respiração sagrada o 'espírito-nomeado' contempla seu último desdobrar, indobrando-se na Terra virando semente, depois é que a pequena mãe terrena concebe o corpo do nome na barriga. Quando Pai e Mãe abraçam o abraço de criar. Quando dois viram um. No abraço do 'fogo-amor', recomeça a magia do desdobrar da semente: vira música, vira dança, vira vôo e passa a caminhar pelo chão da vida terrena.

Quando as cinzas ocuparam por completo o lugar da fogueira, a madrugada já tinha saído e deixado, como reverência, um tom azul no tempo. Talvez para que o dia acordasse em paz.

O velho pajé então concluiu sua fala:

– Contei esse conhecimento, que está na memória disso tudo que vemos, sentimos, além dos dias, além das luas.

Assenti com a cabeça.

– Teu nome nandeva, tua alma-palavra... é...

Pôs a mão na minha cabeça, soprou a fumaça do petenguá, derramou água com sagradas ervas...

– Werá Jecupé. – Arrepiei-me.

– Não é mais um apelido, Ka-ka Txukarramãe. Espere e virá a confirmação. Kaka Werá Jecupé. Apontou a direção de onde viera o nome. O sol encheu meu novo corpo.

Sent by one of the seven Father-Rays unfolded from Tupã. Look, my son, it is between the sunrise and the sunset that Mother Earth inspires souls. It is between the South and the North that Mother Earth expires souls. Through these Four Corners flows the great life. Through these Four Corners, names descend to Earth. Through these Four Corners words turn into flesh, become people."

He was pointing to me the East, the North, the South and the West.

"Through this sacred breath, the 'named-spirit' contemplates its last deployment, folding itself on Earth, turning into seed, and it is thereafter, that the small earth mother conceives the body of the name in the womb. When the Father and the Mother embrace the embrace of creation. When two become one. In the embrace of 'fire-love' begins anew the magic of the seed unfolding: it turns to music, turns to dance, turns to flight and begins to walk on the ground of earthly life."

When the ashes filled the fireplace completely, night had already gone, leaving, as a reverence, a blue hue around us. Maybe so the day could awake in peace.

The old pajé then concluded his speech:

"I tell you this knowledge, which is in the memory of all that we see and feel beyond the days, beyond the moons."

I ascertained with my head.

"Your Nandeva name, your soul-word... is..."

Putting his hand on my head, he blew the petenguá smoke, poured water with sacred herbs...

"Werá Jecupé." I shivered.

"It is no more a nickname, Ka-Ka Txukarramãe. Wait and you will see the confirmation. Kaka Werá Jecupé."

He pointed the way from where the name came.

The sun filled my new body.

A alma do nome
The soul of the name

A fala sagrada do velho pajé, os cantos e as danças do Opy ecoavam ainda em mim as suas labaredas. Dividiu-me em lembranças, na verdade, multiplicou-me em lembranças. Anhans, jaguares e anguerys do passado rondavam em círculo dentro de mim; era necessário cuspi-los fora, para que o coração pudesse desprender-se. Para que o velho nome desse lugar à alma recém nomeada. Para que finalmente retomasse minha essência entonada: música, dança e vôo. Anhans são espíritos bons, jaguares são espíritos desafiadores, anguerys são espíritos maus. Minha memória turvava-se de imagens destes espíritos. Eram tantas que com certeza não eram somente de uma vida inteira, muitas vidas-dores estavam registradas em mim; eram elas que o fogo limpara. Muitas vidas-imagens iam circulando em mim e eu me via assim:

– Quando eu era música entonada na barriga da mãe a nossa aldeia foi atacada. Homens empunhados de pequenos trovões de aço fizeram uma grande tempestade; lançando-se contra nós de todos os lados, fazendo chuva de chamas. Curumim, cunhã, tijari, tieti, mitã, menononure, aymeri, tujá, tujá-i; corpos destes nomes ao chão, como um estio fúnebre. Quando a última oca derramou sua última lágrima de fogo e se desfez em cinza, restaram pouco mais de oito parentes, entre eles a anciã Meirê-Mekrangnotire e a filha Yakamara, que viria ser a mãe que me semearia ao mundo.

The old pajé's sacred tongue, the Opy songs and dances still echoed their flames in me. They divided me in memories. Truly, they multiplied me in memories. Anhans, jaguars and anguerys from the past prowled in circles inside me; it became necessary to spit them out, as to allow the heart to let itself go. So that the old name could give place to the newly elected soul. So that I could finally take over my intoned essence: music, dance and flight. Anhans are good spirits, jaguars are challenging spirits and anguerys are bad spirits. My memory was troubled by the image of these spirits. They were so many that, surely, they couldn't be from a single life span; several life-pains were registered in me; it was they that the fire had cleansed. Several life-images were prowling in me and I saw myself as: "When I was intoned music in my mother's womb, our village was attacked. Men, holding small steel thunders, made a great tempest, throwing themselves at us from all sides, making rain of fires. Curumim, cunhã, tijari, tieti, mitã, menononure, aymeri, tujá, tujá-i; bodies belonging to these names on the ground, as in a lugubrious Indian Summer. When the last oca sprawled its last tear of fire and dissolved into ashes, there were little over eight relatives, among them the ancient Meirê-Mekrangnotine and her daughter Yakamara, who would become the mother that would seed me to the world."

Mas as imagens dobravam-se na cabeça como páginas vivas e logo me vi guerreiro cheirando o ar para captar perigo. A mata verde em torno. Um flecha rápida como um gavião me golpeando as costas e meu corpo tombando sobre a terra, libertando minha alma-palavra de encontro ao azul. As imagens dançam na minha cabeça. Vejo minha pintura de rosto. Pintura de um povo antigo. Meu corpo dança no vento. Boca de jaguar me ataca os pés. Flechas correm sobre a aldeia. Tiros. Tiros. Tiros. Sons de Trovão. Minha cabeça troveja lembranças. Vejo crianças cantando hinos brancos. Vejo uma aldeia se erguendo na beira de um rio. Vejo meu corpo vestido de uma remendada camisa amarela. Ouço rezas e vejo relâmpagos.

But the images folded in my head as living pages and soon I saw myself as a warrior, smelling the air to sense danger, the green forest surrounding me. Fast as a hawk, an arrow struck my back, my body falling upon the ground, freeing my soul-word to the encounter of the blue. Images are dancing in my head, I see a painting of my face. The painting of an old people. My body dances in the wind. Jaguar jaws attack my feet. Arrows fly over the village. Shots. Shots. Shots. Thunder noises. My head throbs memories. I see children singing white men hymns. I see a village growing along a river edge. I see my body dressed with a patched yellow shirt. I hear prayers and see lightning.

◄—— O caminho
The path ►——►

Caminho para fora do lugar do fogo.
Caminho para fora do círculo das vidas-dores, das vidas-imagens.
Caminho até a beira do rio e mergulho a cabeça, lavo o rosto, volto os olhos para a paisagem em torno. A água refresca e acalma.
Procuro ordenar na minha mente as palavras do velho pajé, meu Padrinho. Tento pôr minha memória em ordem. Tento me concentrar nos ensinamentos desta noite somente.
O velho pajé diz que quando recebemos o nome aprendemos o ensinamento de que o pau que sustenta a 'oca mãe', entre o chão e o céu, chama-se 'Sabedoria'; a raiz onde esse pau é fincado é o coração. Quando se corta a raiz, o pau apodrece, e tudo cai. Por isso todo nomeado deve ser um guerreiro zelador e cultivador da sabedoria, principalmente a que os anciãos semeiam. A música-ser, o nome, na época dos antepassados, era anunciado pelo espírito guardião ao casal. Hoje, muitos nascem e crescem sem nomes ou com nomes impostos, chamam de nomes civilizados, 'nomes números', e acabam não realizando a sua dança pessoal, a sua pintura própria, o seu canto próprio, porque os jaguares interferem tanto que

I walk away from the fireplace.
I walk outside the circle of life-pains, of life-images.
I walk to the river's edge, plunge my head, wash my face, turn to look at the scenery surrounding me.
The water refreshes and soothes.
In my mind, I try to ordain the words of the old pajé, my Godfather.
I try to put my memory in order. I try to concentrate only on this night's teaching. The old pajé says that when we receive our name, we learn that the timber that sustains the 'mother hut' between the sun and the sky is called 'Wisdom'; the root where this timber is rammed is the heart. When the root is cut, the timber becomes rotten and everything falls down. It is why all named must be zealous warriors and wisdom raisers, especially of that seeded by the ancients. The music-being, the name, in the forefathers' era was announced to the couple by the guardian spirit. Today, many are born and grow up without names or with imposed names, called civilised names, 'names-numbers', who then do not accomplish their personal dance, their own painting, their own song, the jaguars interfering so much that they chew their memory and their ancestral roots.
I begin to think about other things. I think about

mascam-lhes a memória e a raiz ancestral.

Começo a pensar outras coisas. Fico pensando como as coisas mudaram por aqui. Penso isso olhando a água escurecida do rio.

Ali adiante termina os limites da aldeia e começa uma estrada. Ao meu lado está o rio, que na verdade é uma represa. Ao longe vejo as casas que formam um bairro. Daquele lado existe muitas ruas e casas de tijolo, e deste lado alguma floresta e pequenas casas de barro e sapé escondendo-se na mata; aqui é a área guarani. Ela inicia a Mata Atlântica paulista, fazendo divisa com São Bernardo do Campo e desce em direção ao mar, a muitos quilômetros daqui. Nem sempre foi assim. A cidade de São Paulo, quando eu era menino, não chegava até aqui. Aquele bairro adiante já foi a mata da minha infância. O lugar onde moro, do outro lado da represa, atualmente é um bairro da periferia paulistana. Hoje ao lado da minha casa ergue-se uma escola do estado, as trilhas onde eu andava viraram ruas, os bichos sumiram e um vale muito adiante virou uma favela. Gente vinda de diversas partes do Brasil, principalmente do nordeste, vieram habitar aqui.

Vi por estes poucos anos as casas se fazendo, assim como algumas indústrias. As casas e indústrias só não chegam até aqui por causa de uma placa a mais ou menos dois quilômetros em torno destas terras onde está escrito: 'Governo Federal – Fundação Nacional do Índio – Área Indígena'. É aqui que os mundos se separam.

Os guaranis chegaram neste lugar antes dos meus pais. Vieram do Paraná. Estas terras foram doadas por um migrante japonês. Aliás, há várias famílias descendentes dos japoneses que fazem divisa com a aldeia. São sítios e sítios de diversas hortaliças.

how things have changed around here. I think about it, looking at the darkened water of the river.

Right ahead is the end of the village and there a road starts. At my side is the river, which is really a reservoir. Far ahead I see the houses that make a block. Over that side there are many streets and brick houses and on this side some forest and small mud-and-stick houses hiding in the bushes.

Here is the Guarani area. It begins at the Paulista Atlantic Forest that has borders to one side with São Bernardo do Campo and then slopes down to the sea, many kilometres away from here. It wasn't always like this. The city of São Paulo, when I was a boy, didn't reach up to here. That block ahead was once the forest of my youth. The place where I lived, on the other side of the reservoir, is nowadays a neighbourhood in the city outskirts. Today, beside my house a state school rises; the trails that I used to walk have turned into streets, the animals are gone and the valley far ahead has become a slum. People came from all over Brazil, especially from the Northeast to live here.

I have seen through these few years, houses on the making, as well as some factories. Houses and factories haven't reached this place, due to a warning located at more or less two kilometres around these lands, on which it is written: "Federal Government – National Indian Foundation – Indigenous Area". It is where the worlds drift apart. The Guaranis came to this place before my relatives. They came from the State of Paraná. A Japanese immigrant gave away these lands. Truly, there are several families descending from Japanese that live on the village boundaries. They have small leisure and vegetable farming ranches.

◄——— A entrada da aldeia
The village entrance ——►

O opy consiste em uma casa com quatro faces da cobertura, que fecham todos os lados, estendendo-se a cumeeira em sentido norte-sul. Três entradas: uma a leste, outra ao norte e a terceira ao sul. Em frente, isto é, para leste, estende-se grande pátio, como terreiro de dança, de talvez uns quinhentos metros quadrados. No interior: quatro grandes vigas transversais, duas à direita e duas à esquerda da entrada principal, repousando sobre as vigas longitudinais, contra as quais se apoiam as ripas da parede cobertura fincadas no solo. Do lado oposto à entrada principal, o ambá, que é o altar cerimonial, diante do qual se realiza parte das danças religiosas. O opy é construção sólida, que resiste às intempéries durante muitos anos. Nela não se descobre nenhum prego: tudo é amarrado com cipó. O povo guarani também chama de tapyiguaçú (casa grande).

Ao chegarmos e habitarmos entre os guaranis, em São Paulo, a cidade acabou pedindo o nome do pai e dos guaranis em troca de sobrevivência. Disseram que sem nome e número civilizado não se existia.

The Opy consists of a house with four sides and a roof that enclose all sides, the roof ridge spreading into the North-South direction. Three entrances: one East, another North and the third to the South. To the front, that faces the East, a large patio spreads out, used as a dance yard, sizing roughly five hundred square meters. Inside, four large transversal beams, two to the right and two to the left of the main entrance, resting upon the longitudinal beams, against which the roof-wall lathes are set, driven to the ground. On the opposite side of the main entrance is the ambá, which is a ceremonial altar, in front of which some of the religious dances are performed. The Opy is solidly built so as to resist foul weather for many years. Not a single nail will be found in it: everything is tied up with liana. The Guarani people call it the tapyiguaçú (the big house).
When we arrived and began to live among the Guarani in São Paulo, the town started asking for the names of the father and of the Guarani in exchange for survival. They said that without a civilised name and number, one didn't exist. Then, what were we? We just were,

então o que éramos? Éramos apenas, não existíamos. Ficamos muito tempo sem existir até faltar água e recursos da mata e precisarmos trocar com os civilizados meios para sobreviver. Uma das coisas trocadas foram os nomes

Os pajés perceberam que estávamos ficando fracos, passou-se a fazer o jeroky e o Ni-mongoraí para recuperarmos a nossa música, a nossa dança, o nosso vôo. Em meio à bruma, lembro imagens. Eu curumim, em que pai e mãe iam na dureza do chão que acabávamos de chegar; andando com o coração amarrado bem longe, ao norte de onde viemos. Me olhavam sempre com um silêncio pesado, evitando contar qualquer coisa dessas amarras. A teimosia em saber de mim levou-me a descobrir ruínas. A revolta me levaria a cavar mais. A indignação acabou por me levar a lutar. E, agora, a sabedoria de um ancião me ensinava que eu tinha que botar fogo em toda ruína. A fala sagrada de Tiramãe Tujá já havia cumprido em mim a missão de revelar o primeiro mistério do nome. Agora, de acordo com a tradição, faço a fogueira, ponho aromáticos preparados de ervas, galhos secos; e lhe convido a ouvir ao pé dela. Sente-se. Devo alertar-lhe para que fique à vontade, esse ritual é para melhor ouvir ne'e porãs, as belas falas, as falas sagradas, de alguns anciões que por essa história hão de passar, e são cheias de lições antigas do povo guarani. E invento essa fogueira para seguir corretamente a tradição, pois tudo o mais veio do já acontecido e que aqui se reconta. Fatos que fazem parte das ruínas do passado, que venho partilhar para partir; para que as chamas as transformem no pó e a boa reflexão do que foi dito possa servir de húmus para a humanidade.

we didn't exist. We remained without existing for a long time, until water and forest resources became scarce and we had to trade with the civilised ones to survive. One of the traded items was the name.

The pajés noticed that we were getting weak; the jeroky and the Ni-mongoraí were performed for us to retrieve our music, our dance and our flight. In the middle of the mist, I remember the images. I curumim, father and mother walking the hard ground that we found when we arrived, walking with our hearts tied far away, to the North from where we came. They always looked at me in heavy silence, avoiding mentioning any of those bonds. Obstinacy in knowing about myself took me to discover ruins. Revolt would take me to dig further. Indignation took me to fight. And now, an ancient wisdom was teaching me, that I needed to burn all ruins. The sacred speech of Tiramãe Tuja had already accomplished in me the mission of revealing the first mystery of the name. Now, according to tradition, I make the fire, drop in prepared aromatic herbs, dried sticks and I invite you to listen by its side. Be seated. I must warn you as to be at ease; this ritual is to improve the listening of the ne'e porãs, the beautiful words, the sacred talks from some ancients that, through this history, are to be passed on and are full of old lessons from the Guarani people. And I create this fire so as to follow tradition correctly, for all the remainder has come from what has already happened and which is hereby retold.

Facts that are part of the ruins of the past, that I have come to share, as to be able to depart; so the flames that may transform them into dust and the good reflection of what has been said, may be used as humus for mankind.

O lugar onde se vive
The place where one lives

Eu era muito pequeno na década de 60 quando meus pais foram morar próximo à aldeia de Krukutu, da nação guarani, que margeia a represa Billings na zona sul da cidade de São Paulo, horizonte de meu nascimento, oposto ao Norte de onde viera meu povo. Fiz-me em matas guaranis. Desses que se perdiam nas noites atrás de vaga-lumes, envolvidos muitas vezes por um manto-bruma que cobria a região nos finais de semana. Até hoje, quase trinta anos depois, esse manto-bruma vem esconder a aldeia na hora de seus cantos sagrados no opy, a casa da reza. Esconde os ruídos e luzes da metrópole e de seus ritos caóticos a quase sessenta quilômetros da área guarani. Me vem à lembrança um amigo, Kalingué-Poku, que ensaiava comigo a arte do arco e flecha e me ensinava o segredo do final de cada trilha da mata: a que dava na represa, a que dava na roça, a que dava nos palmitais, a que dava nos frutos silvestres e as que ainda eram mistério. Uma vez, colhíamos caquis e, como eu pulava de um pé ao outro, de galho em galho, todo desengonçado, Kalingué-Poku ria muito e dizia:

– Ka'i, Ka'i, – que na língua nandeva é 'macaco'. Disse-lhe que na minha língua 'Ka-kai' se aproximava mais, pois é o mico-leão-dourado. Mas ele ria e dizia:

– Ka-ka, ka-i-ka.

– Não; assim é a cor dourada – tentei explicar.

I was young during the 60's, when my parents went to live near the Krukutu village, of the Guarani Nation, on the Billings riverbank reservoir, located in the southern part of the city of São Paulo. My birthplace horizon opposite to the North, from where my people came. I made myself among the Guarani forest, as one of those who got lost chasing fire-flies by night that were frequently involved in a mist-coat that covered the region during the weekends. Till today, almost thirty years afterwards, this mist-coat comes to hide the village during its sacred singing hours in the Opy, the house of prayers. It hides the noises and the lights from the metropolis and its chaotic rites, almost sixty kilometres away from the Guarani area. To my mind comes a friend, Kalingué-Poku, that practised with me the art of bow and arrow, and taught me the secret of each trail end: the one that led to the reservoir, the one that led to the heart-of-palm fields, the one that led to the orchard, the one that led to the wild fruits and the ones which were still mysterious. Once, we were harvesting caquis and, as I jumped floppily from one tree to another, Kalingué-Poku laughed madly and said: "Ka'i, Ka'i," which, in Nandeva tongue means 'monkey'. I told him that in my own language 'Ka-ka-i', was closest, since it is the name of the Mico Leão Dourado (Golden Lion Monkey). But he laughed and said: "Ka-ka, ka-i-ka". "No; that is the golden

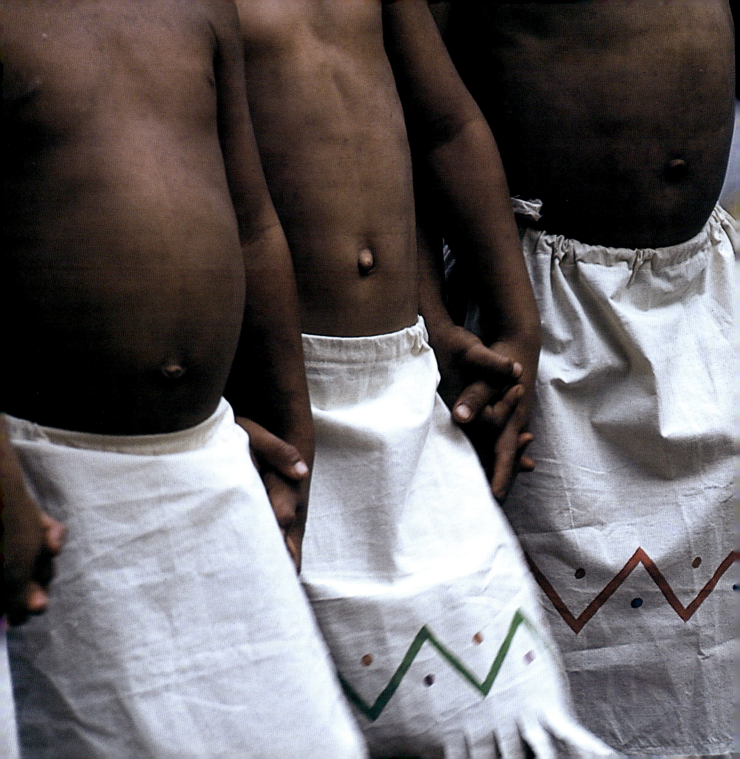

Não adiantou, ficou o apelido. E um apelido é muito bom, pois protege o nome. É sagrado porque desvia a atenção do inimigo. Esconde o significado do nome. E só estou dizendo isso porque hoje um grande Tamãi me pediu para revelar, pois tradicionalmente nós não dizemos. E só digo também porque já me veio o nome do nome, o segredo inviolável, o que mostra o que sou, de onde vim, para onde vou. E só nesse caso pode-se traduzir a sagrada fala do nome e o sentido do apelido. Assim fiquei sendo, quando pequeno, Kaka. Ou Kaka-txai-jé. Dependia do momento. Fui aprender a nadar, tempos depois, com meu amigo, e mergulhamos nas grossas águas da represa que nos cercava e delimitava a aldeia. Ficamos doente. Meu corpo inteiro encheu-se de feridas. Foi preciso passar deitado todas as fases da lua e um tratamento com as sagradas ervas que a mãe cultivava para que eu pudesse me mexer. Fui curado com as folhas do quintal que até então nos dava o carinho de perfumar a oca com a sua delicada presença. A mãe reuniu um conjunto de doze folhas maceradas, que deitava diariamente sobre a minha pele, que veio a se descascar como cobra. Quando melhorei, fui chamar meu amigo para brincar. Havia morrido. Fez a passagem do tempo. Não resistiu. Não iríamos mais atrás do segredo azul das panambis – as borboletas. Sua família entoava cantos de dor e eu chorei. Não sabia, mas sem querer iniciava a delicada lição na arte de dizer adeus. A mãe me confortou. Falou de Tijary, a Vó, que não quisera vir conosco quando a tribo tinha acabado, preferiu ir mais para o norte. Dizendo que o caminho da mãe era diferente do da filha e que nem por isso deixaria de estar sempre por perto.

colour," I tried to explain. It didn't help and the nickname stayed. It is a good nickname as it protects the name. It is sacred because it will deviate the enemy's attention. It hides the name's significance. I am revealing this today because a great Tamãi asked me to do so, since traditionally, we do not reveal it. And I also only mention it, because I already have the name of the name, the inviolable secret, the one that shows who I am, where I come from and where I go to. It is only under these conditions that the secret speech of the name can be translated, as well as the meaning of the nickname. Thus I became, when I was young, Kaka, or Kaka-Txai-jé, depending on the circumstances.

I learned to swim, some time after with my friend, and we dived in the reservoir's heavy waters that surrounded us and bound the village. We became ill. My whole body festered. It was necessary to spend all the moon phases lying down and also a treatment with sacred herbs that the mother cultivated, in order to regain my mobility. I was cured with the leaves from our backyard, which, until then, had given us the kindness to perfume the oca with its delicate presence. My mother gathered a set of twelve macerated leaves that she spread daily upon my skin, which peeled off like a snake's. When I felt better, I went to call my friend to play. He had died. He went through the passage of time. He didn't resist. We would never again go after the blue secret of the panambis – the butterflies. His family intoned songs of pain and I cried. I didn't know it then but, unknowingly, I had started to learn the delicate lesson in the art of how to say goodbye.

My mother comforted me. She spoke of Tijary, the

– Ela me disse que te veria muitas vezes depois de nascido, nem que fosse voando, como o próprio mainú-meirê, o colibri.

A voz da mãe enchia-me de uma saudade de quem ainda nem chegara a conhecer. Levei um bom tempo até retomar a vida pelas trilhas tranquilas da infância. Uma paisagem muda naturalmente, mas naquele lugar era como se ela se desmanchasse aos pedaços, quando menos se esperava. Como pintura do rosto quando se espalha e borra. Nessa borragem, que era a cidade pulsando seus vilarejos, o verde rareava dos nossos olhos. Um dia, sem mais nem porquê, uma senhora convencera meu pai a matricular-me na escola que se instalara morro abaixo, de nome Professor Manuel Borba Gato. Não quis. O pai me disse que era uma maneira de nos defendermos. Perguntei o que era escola. Me respondeu que era um lugar onde se riscava com traços o que se falava, e que qualquer um podia dizer exatamente o que se havia falado olhando para aqueles traços, mesmo que se passassem sóis e luas. Isso me deixou fortemente encantado.

– Põe o menino na escola – dizia a senhora.

Não quis. Havia os peixes para serem apanhados, os bons palmitos, as borboletas azuis para serem seguidas pelas trilhas sem fim da mata para que nos mostrassem onde ficava a cabeça mágica em que mergulhavam e tingiam as asas. Muitas coisas importantes para aprender! Trançar, talhar, compreender o espaço e o tempo certo para colher folhas ou plantar sementes, pintar...

Não quis. Mas aquela estória de que se aprendia a riscar com traços o que se falava me deixava muito pensativo. Como é que poderia ser isso? Fui. No começo não se importavam que eu andasse pela

Grandmother who didn't want to come with us when the tribe ended, choosing to go further up North, saying that the mother's trail is different from the daughter's and that, even so, she would always be close by. "She told me that she would see you many times after you were born, even if she had to fly, as the mainú-meiré, the humming-bird."

The mother's voice filled me with a longing for somebody I didn't yet know. It took me a long time to return to the quiet trails of youth. A landscape changes naturally but in that particular spot, it was as if it dissolved into small pieces, when least expected. Like face paint when spread and messed up. In that mess, that was the city pulsating its small villages, the green became sparse to our sight. One day, with nothing special, a lady convinced my father to enrol me at the school that was located downhill that had the name of Professor Manuel Borba Gato. I didn't want to. The father said that it was a way to defend ourselves. I asked him what a school was. He answered me that it was a place where, what was spoken was streaked, and that any one could say exactly what had been said only by looking at the streaks, even when suns and moons had gone by. This left me strongly enchanted.

"Send the boy to school," said the lady.

I didn't want to go. There were fish to be caught, the tasty heart-of-palms and the blue butterflies to be followed through the forest endless trails, to show us were the magic head was in which they dived and painted their wings. Many important things to learn! To weave, to hackle and to understand the spacing and the right time to harvest leaves or plant seeds, to paint...

I didn't want to go. But that story on how to learn to streak with traces what was spoken left me very

escola descalço e sem camisa, mas com o tempo exigiu-se uniforme: calção azul- marinho, meias brancas, sapatos pretos, camisa branca, uma gravatinha com risco branco que indicava ser o primeiro ano. Ganhei a roupa completa. Todo dia chegava até o portão somente de calção, do lado de fora punha o resto, a mim era impossível andar mais de cinco quilômetros com aqueles tecidos todos apertando o corpo e os pés presos, isolados do chão, pelos sapatos. Participava do ritual. Cantava-se o hino da bandeira verde e amarela que erguíamos todos os dias no centro do pátio, e ao fim íamos pelos corredores em marcha até a sala de aula. Ali para mim começava a única coisa mágica: os riscos, os traços, as sílabas, os sons correndo os riscos: a oração. Quando a mãe se deu conta, tinham roubado a minha alma. Ficara presa num pedaço de papel, dividida, preta e branca e sem sol, em um documento chamado caderneta escolar.
Expliquei que me fizeram ir em frente a uma máquina que estourava uma luz no meu rosto.
– Anguery, mi tã je jucá anguery – comentou o cacique Capitão Branco. – Espíritos ladrões,

thoughtful. How could it be? So I went. At the beginning, no one took notice of my going around barefoot and shirtless, but, as time went by, a uniform was required: dark blue shorts, white socks, black shoes, white shirt, a blue tie with a white streak that indicated I was in the first grade. I was given the whole outfit. Every day I came to the gate dressed only in trunks; before going in, I put on the rest of my clothes; to me it was impossible to walk over five kilometres with all these cloths tightening me up, my feet bounded, isolated from the ground by the shoes. I took part in the ritual. I sang the anthem for the green and yellow flag that we raised every day in the middle of the patio, and when done, we went marching through the corridors, up to the classroom.There, for me, began the ultimate magic: the streaks, the traces, the syllables, the sounds running with the streaks: the sentence. When my mother took notice, my soul had been stolen. It was locked in a piece of paper, divided in black and white and without sun, in a document called school register.
I explained that they had me go in front of a

roubaram a alma do menino, para matá-la – era o que dizia.

A mãe tremeu de susto. Brigou com o pai. Eu lhes disse que, além disso, a professora Maria me levou para tirar escritos que marcassem o dia em que eu nascera.

– Foi na lua nova – eu disse, e colocou; ela falou que iríamos precisar fazer uma grande viagem. O pai descobriu que ao invés do apelido Kaka-txai-jé Txukarramãe ela colocara o nome do filho que morrera. A mãe tirou-me da escola e bateu no pai com borduna de caçar cateto e fez ele ir até lá e pedir meu espírito de volta. A professora chorou muito, mas aqueles documentos ficaram marcados com a alma do seu filho recém-nascido e morto. Como era nome novo, de mi tã, não cheguei a ficar doente, mas poderia ficar esquecido de mim. A mãe cantou durante três dias todas as palavras que compunham minha música – coisa que só as mães sabem – para que nada de ruim acontecesse. E, quando eu já estava gostando da escola, não podia mais ir. Só iria voltar alguns anos depois, recomeçando os riscos. Traço por traço, naquela gravatinha azul de antigamente. Mas a mãe não resistiu aos novos costumes, ou às velhas saudades, não sei, talvez não tenha resistido à paisagem da vida desmoronando diante dos olhos. Talvez ela mesma não tivesse necessidade de resistir a qualquer coisa. O fato é que ela escolhera morrer cautelosamente, procurando não deixar qualquer marca na lembrança. Foi um dia perdido na infância, em que suas ervas não conseguiram curar minhas lágrimas. Mesmo assim, elas tiveram o cuidado de manter a oca perfumada. Enquanto o sol fazia o destino seguir adiante.

machine that blew a white light into my face. "Anguery, mi tã je jucá anguery," began the chief Capitão Branco (White Captain), "spirit thieves, stole the boy's soul, to kill it," he said.

My mother trembled with fright. She argued with the father. I told them that, besides this, my teacher Maria, had asked me to write down the day that I was born.

"It was on a new moon," I said and she wrote it down. She said that we would have to make a long trip. The father discovered that, instead of the Kaka-txai-jé Txukarramãe nickname, she had written down the name of her son that had died. My mother took me out of school and beat father with the hunting staff and made him go there to ask for my spirit back. The teacher cried abundantly, but those documents were streaked with the soul of her stillborn child. As it was a new name, de mi tã, I didn't become ill, but could become self-forgotten. My mother sang during three days all the words that composed my music – a thing that only mothers know, so that nothing noxious would happen to me. And, when I was already enjoying school, I could go no more. I would only go back years after that, beginning to learn the streaks anew. Streak by streak, in that former little blue tie. But my mother didn't resist the new habits or the old longings, I don't know; maybe she didn't resist the life scenery dismantling in front of her eyes. Maybe she didn't need to resist anything. The fact is that she chose to die quietly, avoiding leaving any memory impression. It was a lost day in infancy, in which her herbs couldn't cure my tears. Even so, they were cautious to maintain the hut perfumed. As the sun made destiny follow ahead.

A busca da terra sem males

The search for the land without ills

Para mim o tempo passava da seguinte maneira: novos povos aldeavam-se próxima à escola. Por ali vilarejava-se de nordeste. Fui desvendado enquanto ia para a escola. Conhecendo aquela gente. Cada ano que passava aumentava um risquinho na minha gravatinha azul. Era assim que a civilização contava o tempo. E esse lugar que ao nascer-me era uma mancha verde distante da cidade, em alguns riscos de gravata (sete ou oito) fez minha aldeia virar uma mecha verde quase careca de um bairro que inchava. Na aldeia havia algo de podre exalando da represa. Um dia chegou um senhor com uns papéis na mão dizendo que o lugar onde morávamos era dele, doado por d. Pedro II.
– Filho, procure esse tal d. Pedro que eu quero falar com ele – disse o pai. Estou procurando até hoje.
– Como? Não havia nada aqui quando chegamos, alem dos nossos parentes guaranis do outro lado da represa – pensava o pai.
Fomos expulsos. Anos depois descobri que aquela região onde morávamos fora doada no século XVIII pelo então imperador do Brasil para imigrantes alemães. Sendo que uma pequena parte tinha prosperado e virado a cidade de Santo Amaro, e aqueles lugares mais afastados tinham sido legados aos descendentes possíveis desses imigrantes. Nessa

For me, time went by as such: new people settled in villages close by the school. In that area, the settlers were from the Northeast. My blind was taken off while going to school. Learning about those people. As each year went by, a streak was added to my little blue tie. It was thus that civilisation counted time. And that place, a green spot when it gave me birth, far away from the city, within a few streaks to my tie (seven or eight), turned my village into an almost bald green wick in a fast growing neighbourhood. Within the village there was something rotten exhaling from the reservoir. A certain day came a man with some papers in his hands, saying that the area where we lived belonged to him, that it had been given to him by Dom Pedro II.
"Son. Go find this Dom Pedro, I want to talk to him," said my father.
I am still looking for him.
"How? There was nothing here when we came, besides our Guarani relatives on the other side of the reservoir," thought my father.
We were expelled from the land. Years after, I found out that the area in which we lived had been given to German immigrants in the 18th century by the former Brazilian emperor. Also that a small part of the area had been prospected and had turned into the city of

parte do país a civilização é mais moderna. Lá no Norte ainda expulsa-se a bala. Aqui, com documentos do imperador. A sagrada trilha nos levou ao litoral. Aldeia de Peruíbe. Das noites cintilantes. Épocas em que eu descia o rio Perequê caudalosamente negro, onde cada batida do remo nas águas brilhava para a luz, mesmo nos tempos sem lua. Até hoje me intriga muito; baldeava o rio com a minha mão para ver aquela luz.

– É ardentia – ecoava a voz do velho pescador Tujá-i.

Baldeava. Luzia. Às vezes pegava carona no rabo da canoa que transportava os peixes e os artesanatos para serem vendidos lá embaixo, no centro de Peruíbe, no fim do rio. Até agora fico dourando-me ao sol nesse rio na minha lembrança. Pelas aldeias do litoral, ouvia histórias de séculos, ouvia tristes cantigas guarani, rememorando descaminhos. Um labirinto de saudades que os caciques contavam. Da terra sem males. Presa em migalhas nas bocas guaranis, guardada na memória dos anciões. Largados ao sol. Pitando o passado no silêncio. Aprendi o trajeto da busca. Cada trilha. Cada pausa. Cada sim e cada não. Cada razão e cada desmoronamento. Morei entre seres cansados de busca. Foi triste. Um guerreiro não é derrotado quando morre em luta. Ele é derrotado quando desiste. Isso eu aprendi quando vi a desistência estampada nos olhos dos guaranis daquela região. Viviam desistidos de si. Sem música interior. Obstruídos pelas ruínas da terra sem males na memória. As trilhas nos levaram de volta à proximidade dos guaranis de São Paulo, dessa vez na aldeia Morro da Saudade, do cacique e pajé Gwirá-Pepó e de seu centenário pai Tiramãe Tujá, o mais antigo dos antigos ali. Chegamos atraídos pelos

Santo Amaro, and that the farthest areas were left to the possible descendants of these immigrants. In that part of the country, civilisation is more modern. Up North, expulsion is still done by bullet. Here, by the emperor's documents. The sacred trail took us to the coast. The Peruibe village. Of starlit nights. Times when I went down the Perequê river, torrentially black, where each paddle stroke shone to the light, even at times with no moon. Till this day, it perplexes me: I cupped the river with my hand to see that light.

"It gleams," echoed the voice of the old Tujá-i fisherman.

I bucketed. It shone. Sometimes I hitched a ride at the canoe's tail that carried the fish and the crafts to be sold in downtown Peruíbe, at the end of the river. Until this day, in my memory, I bathe in the golden sunshine of that river. Through the sea coast villages, I heard the stories of centuries; I heard sad Guarani songs, remembering lost paths. A labyrinth of longings related by the chiefs. Of the land without ills. Locked in pieces within Guarani mouths, kept in the ancient memories. Left to the sun. Smoking the past in silence. I learned the way of the search. Each trail. Each pause. Each yes and each no. Each reason and each collapse. I lived among beings tired of the search. It was sad. A warrior isn't defeated when he dies in combat. He is defeated when he gives up. This I learned when I saw the giving up stamped in the eyes of the Guaranis of that region. They lived forsaken. No inner music. Obstructed by the ruins of the land without ills in their memory. The trails took us back to the surroundings of the São Paulo Guaranis, this time by the Morro da Saudade, of the pajé and chief Gwirá-Pepó and from his centenary father Tiramãe Tujá, the oldest of the

cantos de reverência aos seres da mata, que faziam uma luz diferente naquela aldeia, expressando esperança. Era muito viva a força espiritual de Gwirá-Pepó. A vila é dividida da civilização pela barragem da represa. Por isso também conhecida como aldeia da Barragem: onde de um lado um povo insiste em cantar com seus instrumentos sagrados, mbaracás e taquapús (a percussão do homem e a percussão da mulher), protegido pela bruma atlântica que caía sempre no final da tarde. Do outro lado uma cidade de espaços, ritmos e tempos estilhaçados, onde custávamos a compreender seus pedaços, seus cantos elétricos, seus rumos, mesmo os céus de néon que lhe firmara ocultando as cinzas nuvens. Com o tempo, passei a andar pelas largas trilhas da cidade chamadas avenidas. Percorri suas florestas de aço e comi de seus frutos artificiais para descobrir os brasis. No asfalto por onde andei, se plantando nada dá. Provei do bom e provei do ruim. Conheci uma qualidade de caciques, que põem gravatas como na minha época de estudante e que, como dizia um antiquíssimo e histórico escrivão, andam deveras desavergonhados. Eles têm requintes na fala, vivem dela. E o jaguar no coração. (Sim, o jaguar que devora tudo que seja contrário ao seu único olho cego. O que grunhe ganância.) E acabei por descobrir que muitos deles eram a causa do extermínio de meu povo. Repentinamente chegou na aldeia, acompanhada de alguns parentes carajás, a Vó Meirê-Mekrangnotire. Veio de aldeia em aldeia guarani desde o Espirito Santo. Disse que sabia que estávamos em alguma dessas. Assustou-se com um pai desistido de si que encontrara, sem a saudável pintura do guerreiro sem armas. Chegou sabendo que a filha morrera:

ancients over there.

We came, attracted by their reverential chants to the forest beings, which gave a different light to that village, expressing hope. The spiritual force of Gwirá-Pepó was very strong. The village is separated from civilisation by the reservoir dam. So it is also known as the Dam Village, in which, on one bank a group of people insists on singing with its sacred instruments, mbaracás and taquapús (the man's percussion and the woman's percussion), protected by the Atlantic mist that always falls at the end of the day. On the other bank, a city of spaces, rhythms and shredded times, where we strive to understand its pieces, its electric songs, its bearings, even its sustained neon skies, hiding grey clouds. Through time, I came to walk the city's large trails, called avenues. I went through its steel forests and ate its artificial fruits, to discover the many Brazils. In the asphalt in which I came to walk, planting will not bring things to grow. I tasted from the good, I tasted from the bad. I met a kind of chief that wears ties as in my student time and that, as said by a very ancient and historical clerk, has been walking around shamelessly. They have speech refinements and live from it. And the jaguar in their hearts. (Yes, the jaguar that eats everything that is opposed to its own blind eye. The one that growls from greed.) And I finally learned that many among them are the cause of the extermination of my people. Suddenly, grandmother Meirê-Mekrangnotire arrived at the village, together with some Carajá relatives. She came from Espírito Santo State going from Guarani village to Guarani village. She said that she knew that she would find us in one of these. She was frightened by the forsaken father she met, without the healthy

– Conversei com ela no caminho de sua nova morada. Está bem. E vim aqui só para te dizer isso. Nós não podemos apagar o sol que o criador pôs dentro de nós. Eu sentia uma força grande nas suas palavras. Nunca a vira e parecia que nunca ficara sem sua presença. Disse a mim e ao meu pai que nós tínhamos uma prova muito grande e que não compreendia por que se deixara abalar. O pai não tinha força para esconder a vergonha que estava de si:

– Cuidado, vão querer prender sua alma numa garrafa, está muito fraco – disse-lhe minha avó.

Eu via a claridade que pulsava de si.

– E você, ainda é um toquinho de pau. Nunca tenha medo. Vai aprender a viver entre os dentes da onça sem se machucar. Mas tenha sempre ao lado a orientação de um parente ancião.

Benzeu o pai. Rezou uma reza e um canto que eu nunca ouvira. Raspou minha cabeça. Pintou. Ficou uns dias. E foi-se.

– Meu lugar é longe do seu, mas estamos sempre próximos.

Ela havia vindo, ficado e partido tão rápido que nem dera tempo de sentir saudade ou ausência. Rumou para o sul. Seu nome tem a qualidade do espírito do beija-flor e assim era. Os dias passavam com os taquapús guarani, instrumentos de meninos feitos de bambu, tocando ritmadamente no chão, entoando preces à Mãe Terra, visivelmente doente. As crianças também ficavam doentes com muita facilidade. Gwirá-Pepó curava com seu canto-reza o que podia. Até que um dia terminei empunhando uma lança. Quando um senhor do vilarejo crescido à nossa volta ensinou ao pai que me semeara a tomar certo líquido que dizia anestesiar as feridas do espírito. Um líquido ardente que cicatrizava a dor que doía

painting of the warrior without weapons. She arrived knowing about the death of her daughter.

"I talked with her while she was on the way to her new house. She is well. And I came here to tell you so. We cannot shut down the sun the creator has put in us." I felt great strength in her words. I had never seen her, yet it felt like I had never been without her presence. She told my father and me that we had a great challenge and that she didn't understand why he was shaken. Father didn't have the strength to hide the shame in him.

"Be careful, they will try to lock your soul in a bottle, you are very weak," said my grandmother. I saw the light that pulsed from her.

"And you, you are still a little stick. Never be afraid. You will learn to live among jaguar teeth without getting hurt. But always have by you the advice of an ancient relative."

She blessed my father. She said a prayer and sang a song that I had never heard before. She shaved my head. Painted, stayed a few days. And was gone.

"My place is far away from yours, but we are close together."

She had come, stayed and gone so quickly, that there wasn't enough time to feel longing or absence. She went South. Her name has the quality of the humming-bird spirit, and so it was. The days went by with Guarani taquapús, a boy's musical instrument made of bamboo, played rhythmically on the ground, intoning prayers to Mother Earth, perceptibly ill. The children also became easily ill. Gwirá-Pepó cured whatever he could with his song-prayer. Until one day, I finally grasped what was happening, when a man from the village that grew around us taught the father who seeded me to drink a certain liquid, which he

dentro. O pai, no início, passou a bebê-lo, mas depois, com as luas, o líquido é que lhe bebia. Liquidava-se. E o tempo fez com que sobre uma velha canoa de pesca seu corpo esquecido anoitecesse sob as última estrelas de sua vida. Sendo que a represa ainda lhe consentiria a graça de trazê-lo esparramado com a manhã, dentro de um grosso e oleoso ritual. Foi a partir daí que empunhei a lança da revolta. Munido de flechas de ódio. Eu era assim como uma árvore só casca, sem árvore dentro. Meu povo, um vago fantasma na cabeça. E tudo do lado de fora da tribo parecia-me inimigo, só não sabia o quê. Meus sentimentos rugiam por dentro e grunhiam por fora. Agora, de onde falo, ao pé do fogo, a ti que se dá atenção de me ouvir, lembro-me de que não tinha idéia de como todos esse acontecimentos sufocavam meu espírito sem nome, de como tais sentimentos escondiam a minha ave-alma. Só. Andava por aquele chão sem estar. Então, aos poucos, ia reencontrar a minha música, a minha dança, o meu vôo. Descobri que na cidade havia guerreiros que lutavam pela preservação da Mata Atlântica e pela despoluição das represas Guarapiranga e Billings, as duas que nos afetavam diretamente. Fui colhendo informações do processo de envenenamento das águas. E, quanto mais eu aprendia, menos eu entendia como a civilização se permitia viver daquela maneira. Fazendo os rios correrem ao contrário de si. Com isso, ao invés de fluírem vida, passando a fluir morte. Assim é o rio Pinheiros que circula a cidade. Que forma a represa, que recebe o lixo industrial, em toneladas, e que chega na aldeia em forma de água morta. Esses verdes guerreiros da metrópole dedicavam-se a ensinar o perigo que isso representava inclusive à

said, put to sleep soul wounds. A fiery liquid that healed the pain that hurt inside. Father started drinking it, but thereafter, through the moons, it was the liquid that drank him. He was destroying himself. And time provided that, upon an old fishing canoe, his forgotten body went to the night under the last stars of his life. Even so, the reservoir still granted the grace to bring him sprawled with the morning, within a large and oily ritual. Since that time, I took hold of the spear of revolt. Provided with arrows of hate. I was like a tree, only bark, without any tree inside. My people, a vague ghost in my head. And everything outside the tribe looked as my enemy. I just didn't know what. My feelings roared inside me and growled on the outside. Now, from where I speak, by the fire, to you that are listening to me, I remember that I had no idea of how these events choked my spirit without name, how these feelings hid my soul-bird. Alone. I just walked that ground without being there. Then, little by little, I was to re-encounter my music, my dance, and my flight. I discovered that in the city there were warriors that fought for the preservation of the Atlantic Forest and for the cleansing of the Guarapiranga and Billings reservoirs, the two that affected us daily. I collected information on the water poisoning process. And, the more I learned, the less I understood how civilisation allowed itself to live that way. Making the rivers run against their flow. Thus, instead of flowing life, they came to flow death. Such is the Pinheiros river that surrounds the city, which makes up the reservoir that receives industrial waste by the tons and arrives at the village as dead water. Those green warriors from the metropolis were dedicated to teaching the dangers that it represents, even to the population

própria população que se inchava em vilas em torno dessas águas. Foi assim que adolesci. Vi apodrecer a água que nos banhava. Vi sumirem as aves que adornavam a arte guarani. Vi rasgarem a terra com dentes de aço para romper estradas e delimitar propriedades dentro de sítios sagrados guarani. Vi a roça ficando escassa para o cultivo do alimento.
E, quando os guaranis precisaram descer a aldeia Morro da Saudade para trocar seu artesanato pelo que comer, vi pagarem esmolas e ouvi a expressão:
– Sujos, nem banho tomam.
Enquanto os taquapús e os mbaracás permanentemente rezavam agudos cantos pela Mãe Maior. Enquanto o sol diariamente nos dava o ouro de sua força e calor. E nossas crianças espantavam toda manhã os maus espíritos que tentavam nos destruir com a alegria da liberdade disfarçada em nossas milenares brincadeiras. O fundamental era mantermos o espírito forte na oca do coração.
Porém, havia, de quando em quando, intrusos que, inclusive sem ter consciência, tentavam matar nosso espírito.

that engrossed the villages along these waters. This is how I went along my teen years. I saw the water that bathed us get rotten. I saw the birds whose feathers attired the Guarani art disappear. I saw the earth being ripped by steel teeth, making way for roads and properties boundaries, within sacred Guarani lands. I saw farmland getting scarce for the harvesting of food.
And, when the Guaranis needed to go down to the Morro da Saudade to exchange their artisanship for food, I saw people paying them as charity and I heard them say: "Dirty people, they don't even wash". While the taquapús and mbaracás permanently prayed acute songs for the Greater Mother. While the sun gave us daily the gold of its strength and heat. And our children frightened away every morning the bad spirits that tried to destroy us, with the joy of the hidden freedom in our ancient plays. It was essential to maintain a strong spirit within the heart hut.
However, there was from time to time intruders that even unconsciously tried to kill our spirit.

A cor do inimigo
The colour of the enemy

Peguei carona para o sul com um amigo que iria trabalhar numa ilha, de nome Florianópolis, vendendo batatas fritas na praia. Eu tinha a esperança de ir além das 'ruínas das Missões Jesuíticas' e por ali encontrar a grande Vó, em alguma aldeia intocada pela mentalidade da civilização. Fazia as contas: do norte de Minas descendo sudeste abaixo, restaram quase oito. No sudeste nasceu um, somou-se a oitenta (os guaranis) e restou a esperança. Agora, ao sul, sobrou-se. Viajava com a matemática da vida na cabeça, que fora mais além. Aquele um, sobrado, saiu por fim do continente. Restou-se na ilha. Ao contrário do rumo que imaginava, fui para a morada dos Ventos: Vento Sul, Vento Minuano, Vento Nordeste. Ventos e dunas douradas. Ilha cercada de azuis de onde passei a estudar o continente.   Ali foi o começo de rabiscar estes traços que prendem no papel o pensamento, traços aprendidos quando curumim. Lá, gravava os fantasmas na cabeça. Quando cheguei, dancei para a Mãe Terra sozinho na praia do Jurerê com esses fantasmas. Participaram todos os guerreiros-sem-armas em mim. Só aos poucos. A cor da areia massageava as mágoas passadas de minhas pegadas. O mar encarregou-se de trazer de volta, depois de luas e luas, mirando-lhe à deriva, o som de seu espírito. O Vento Sul foi um dos meus maiores amigos, deu-me lições de ventar a

I hitched a ride to the South with a friend that was going to work on an island, in a city called Florianópolis, selling fried potatoes on the beach. I had the hope to go further than the 'ruins of the Jesuitical Missions' and find the Grandmother in some nearby village, untouched by civilisation's mentality. I counted: from the North of Minas (State) going down Southeast and further, there are almost eight left. In the Southeast, one was born, that added to the eighty (Guaranis) and then hope remained. Now, to the South, one was left over. He travelled with the math of life in his head, that went further along. That one left over finally left the continent. He settled on the island. Contrary to the route I imagined, I found myself at the House of Winds: Southern Wind, Minuano Wind and Northeast Wind. Winds and golden dunes. Island surrounded by blues, from where I started to study the continent. It was there that I began streaking these traces that bound the thought to the paper, streaks learned when I was curumim. There I spelled ghosts in my mind. When I arrived I danced alone with these ghosts for the Mother Earth on the Jurerê beach. All the weaponless warriors in me took part. A few at a time. The sand's colour soothed the past sorrows of my footprints. The sea took to itself the task of bringing back, after moons and moons,

vida, de tempos em tempos: varrer-se. Conheci uma outra qualidade de pescadores, descendentes de açorianos, de bela fala cantada e límpidos silêncios em volta. Chamavam-se 'barrigas-verdes'. Uma vez fiz amizade com um forte e alto pescador, um 'barriga-verde', enquanto tecia uma rede de pesca para puxar cardumes, que ele chamava de arrastão, Já o conhecia de vista, mas fui atraído para ouvir a sua história, famosa naquele vilarejo. Era o homem que havia naufragado cinco vezes no grande mar. Ficando luas à deriva em cada uma delas e mantendo-se vivo apenas por restos de barco.

– No último naufrágio nem me importei, relaxei o corpo e deixei as águas julgarem.

Era assim que dizia. Ali estava ele.

– Nas primeiras vezes quase morri por desespero e afobamento. Depois de anos pensando a respeito, descobri que metade da morte era coisa da minha cabeça e o desespero completava a outra metade. Na derradeira vez, entreguei-me ao céu do destino. Me deixei à morte. Fui parar tranquilamente na praia. Senti que estava aprendendo algo muito importante.

– O mar é um colchão d'água macio para quem lhe respeita. Peço a bênção à Mãe das Águas e vou. Sou pescador, não saberia fazer outra coisa. No mais, descobri que a morte não é tão feia quanto se pinta. É a passagem. Quando eu for merecedor, passo.

– Para o meu povo a morte também é a passagem. A morte natural. A morte forçada é ignorância – disse-lhe.

Convidou-me para participar do arrastão. Os pescadores contavam estórias de bruxas. Diziam que aquela ilha era infestada de bruxas. Assim eles chamam as feiticeiras, as curandeiras, as que têm o dom da magia e da cura do mal pelas poções e

perceiving it drift, the sound of the spirit. The Southern Wind was one of my best friends; it gave me lessons on how to let the wind blow in our life from time to time: to sweep oneself free. I became acquainted with certain fishermen that come from Açorian descendants and have a beautiful chanted speech and clear silences around. They are called 'green-bellies'. Once, I took up friendship with a tall and strong fisherman, a 'green-belly', while he wove a fishing net to farm schools of fish, that he called a 'dragger'. I knew him from sight, but was attracted to listening to his history, famous in that small village. He was the man that had been shipwrecked five times in the great sea. Drifting for moons each time, keeping himself alive thanks to the boat wreckage.

"On the last shipwreck, I didn't even care, I relaxed my body and left the waters judge."

That's how he spoke. There he was.

"The first times, I almost died of despair and haste. After years thinking about it, I discovered that half of death was something from my head and despair completed the other half.

"The last time, I gave myself to heaven's destiny. I gave myself to death. I was quietly thrown to the beach."

I felt I was learning something very important.

"The sea is a soft water bed, for those who respect it. I ask the Mother of the Waters for blessings and go. I am a fisherman, I couldn't do anything else. And more, I have discovered that death isn't as ugly as it is painted. It is the passage. When I am worthy, I will pass."

'To my people death is also a passage. Natural death. Imposed death is ignorance," I told him.

He invited me to join in the fish dragging. The fishermen told witch stories. He said that witches infested the island.

plantas. Disseram-me também que na época do imperador ali fora o lugar dos desterrados, era onde atiravam os expatriados. E onde eu morava, na praia do Santinho dos Pescadores, além de ser ponto de ritual a Nossa Senhora dos Mares, havia inscrições nas rochas de mais de cinco mil anos e marcas de pés gigantes. Vi as pedras. Vi as inscrições. Vi procissões dedicadas a Nossa Senhora dos Mares. E até, de certa forma, me sentia expatriado; estrangeiro em meu próprio país. Mas curava as feridas da alma nesse sagrado sítio da Grande Mãe, que me olhava pelo verde lúcido da águas, que embalava meus passos pelo chão dourado das areias. Diariamente o carinho da brisa me visitava e, semanalmente, o Vento Sul. Com o tempo mudei para um vilarejo chamado Canto da Lagoa, mais perto da mata. Caminhava quilômetros de manhã até o local onde passei a trabalhar, uma casa de atividades de arte, que na época do imperador, diziam, tinha sido os 'correios e telégrafos'. Ensinava algumas danças indígenas e a história de nossa cultura. Os artistas respeitavam e se interessavam em saber, as crianças também. A caminhada me nutria de paisagem: o azul calado e sonolento da lagoa, o beijo do horizonte molhado, uma folha, um pássaro que voa, o sol, o desenho do fim do caminho se desfazendo. Era assim. Foi em um desses dias que no meio do caminho encostou um fusca branco ao lado da paisagem com um par de olhos azuis dentro, uma voz sulista, cantarolada, de uma bela moça e que me foi oferecendo carona. A bruxa.

– Porque não tem ônibus e o centro é longe. Entre. Naquela ilha e naquele trecho era comum oferecerem caronas. Principalmente as pessoas que moravam lá havia muito tempo. Gike, jornalista,

Thus they call the witches, the healers, the ones with the gift of magic and cure, through potions and plants. They also told me that in the Emperor's time, their island was the place where they sent the banished, the exiled. And where I was living, the Praia do Santinho dos Pescadores (Saint of the Fishermen beach), besides being the ritual center to Our Holy Mother of the Seas, there were inscriptions in the rocks that dated over five thousand years, as well as giant footprints. I saw the stones. I saw the inscriptions. I saw processions dedicated to Our Holy Mother of the Seas. And, somehow, I felt exiled, a foreigner in his own country. But I cured my soul's wounds in that sacred place of the Great Mother, who watched me through the clear green waters, who cajoled my steps on the sands golden ground. Daily, the breeze caressed me, as weekly did the Southern Wind. After some time, I moved to a village called Canto da Lagoa (Corner of the Lagoon), closer to the forest. I walked kilometres every day to the place where I started working, a house of art activities that, in the Emperor's time, they said, used to be the 'mail and telegraph' office. I taught some Indian dances and the story of our culture. The artists showed respect and wanted to know more about it, so did the children. The daily walk fed me with scenery: the quiet sleepy blue of the lagoon, the kiss of the wet horizon, a leaf, a bird that flew, the sun, the drawing of the end of the trail dissolving.
It was then, on one of those days that, in the middle of the way, a white Volkswagen stopped by the roadside, beside the scenery, with a pair of blue eyes inside, a southern voice humming from a beautiful girl that offered me a lift. The witch.
"Along this road there are no buses and the city

professora da Universidade Federal de Santa Catarina, ia para a faculdade. Mas, além desses estudos universitários, conhecia pedras, cristais, ervas. E tribos do século XV. Eu soube disso no trajeto, que encurtou a distância mas aumentou minhas informações.

– E sobre bruxas? – perguntei.

– Ah, são contos, muitos escolhidos por Franklin Cascaes, um antigo escritor da ilha. São estórias de pescadores.

Fizemos amizade. Eu queria saber dos livros que ela citara e ela queria saber sobre danças indígenas. Morava do outro lado da Lagoa da Conceição. Quando fui visitá-la, tive uma grata surpresa. O carro foi deixado no final de uma estrada de difícil acesso, para logo depois tomarmos uma trilha no meio da mata. Até aparecer por entre árvores e uma pequena cachoeira a casa de madeira, feita em arquitetura européia, muito bonita, creio que sua forma era alemã. Do teto saía uma antena parabólica.

– Foi erguida sem tirar uma árvore do lugar, quis provar para mim mesma que a tecnologia cabia na mata, sem ofendê-la. Quando passei naquela estrada e te vi, senti o desejo interior de te mostrar – explicou Gike. Era muito comum, na pessoa de Gike, falar de sentimento interior; percebi que, embora uns dourados e longos cabelos caíssem-lhe sobre os ombros e a européia tecesse-lhe a pele, tinha um tom da tribo no espírito. Ensinou-me sobre o seu modo de ver o mundo: tecnologia, enciclopédia das essências de flores, o segredo dos cristais, as obras de arte dos poetas da metrópole. Muita coisa não entendi, nem havia razão para mim. O que entendi foi a sensibilidade que lhe fizera parar para mostrar

center is very far. Get in."

On that island and in that stretch of the road, it was usual to be offered lifts. Specially by the people that have been living there for some time.

Gike, journalist, teacher at the Federal University of Santa Catarina, was going to the university campus. But, besides this university teaching, she knew all about stones, crystals and herbs. And 15th century tribes. I learned it on the way that shortened the distance but increased my knowledge.

"And what about the witches?" I asked.

"Ah! They are tales, many of these chosen by Franklin Cascaes, an old writer from the island. They are fishermen´s stories."

We made friends. I wanted to know about the books she mentioned and she wanted to know about indigenous dances. She lived on the other side of the Lagoa da Conceição. When I went to visit her, I had a nice surprise. The car was left at the end of a difficult access road and there we took a trail that went through the forest. Among the trees we came to a small waterfall and the house, made of wood, European architecture, very pretty, I believe its shape was German. From the ceiling a parabolic antenna sprouted.

"It was set up without cutting down a single tree. I wanted to prove to myself that technology fits in the woods, without offending it. When I went by that road and saw you, I felt an inner need to show it to you," explained Gike.

It was common for Gike to speak of inner feelings; I noticed that, though long and golden hair fell over her shoulders and she had the fair European complexion, she had the tone of the tribe in spirit. She taught me her way to see the technological world, the flower essence encyclopaedia, the secret of crystals, the

sua oca. E gostava da sua alegria permanente, embora sempre correndo atrás do tempo como quem estivesse perdendo-o, mesmo carregando-o preso no pulso, na forma de cristalina algema.

– Nessa ilha, gaúchos, argentinos, paranaenses, europeus vêm para se limpar, para se reencontrar na preciosa vida. Para resgatar suas almas – comentava.

– É, são risonhos, felizes, alegres, solidários, só que se esquecem tão logo chegam à civilização. Que avança, destruindo a única coisa que lhes regata.

Ela pousou seus olhos azuis nos meus de revolta e sorriu levemente.

– Sim. Mas tem uma cor de ódio no que você fala. E essa cor não é tua.

– Aprendi na escola da chamada civilização.

– Então você também está destruindo a única coisa que lhe resgata. O mesmo que todos vêm buscar aqui.

Falou-me de sua vida. Filha de imigrantes alemães e gaúcha, disse que rejeitara a cultura rígida e carregada de violência de alguns de seus antepassados porque seguiu seu impulso interior e as estradas do Brasil: conhecia-o em cima e embaixo, Norte e Sul, Oiapoque e Chuí. E conseguira superar a dureza dos pais com muita paciência, persistência e carinho. Disse que jamais permitiriam, dentro da cultura da qual vieram, que uma moça partisse pelo mundo sem destino. Mas conseguira não pelo ódio e disputa. E que aprendera isso com parentes meus que conhecera na Amazônia.

– Espero que esses parentes tenham recebido nada mais que visitas como a tua, que soube ouvi-los. É muito difícil para mim não ter sentimentos de revolta e raiva: antes que eu nascesse, já estava em guerra.

works of art from the metropolis poets. Many things I didn't understand nor there was any reason to. What I understood was the sensibility that made her stop to show me her oca. And I liked her permanent happiness, though always running after time, as if losing it even though carrying it on her wrist, under the form of crystalline shackles.

"On this island, Gaúchos, Argentinians, Paraná people, Europeans, come here to cleanse themselves, to reencounter themselves in the precious life. To redeem their souls," she said.

"Yes, they are cheerful, happy, corresponding, but unfortunately they forget all this as soon as they reach civilisation. Which spreads, destroying the only thing that may redeem them."

She set her blue eyes into my angry ones and smiled lightly .

"Yes. But there is a colour of hatred in what you just said. And that colour isn't yours."

"I learned at school, from the so-called civilisation."

"So you are also destroying the only thing that may redeem you. The same thing that all come to seek here."

She told me of her life. A German immigrant's daughter and Gaúcha, she said she rejected the rigid culture, burdened by violence, from some of her ancestors, because she followed her inner impulse and Brazil's roads; she knew the country from top to bottom, North and South, Oiapoque and Chuí. And she managed to overcome her parents' harshness with patience, persistence and affection.

She said that, within their culture, they would never allow a girl to travel the world without destination. But she had done this, not through hatred and dispute. That is what she had learned with some relatives of

– Compreendo. Meu povo passou por duas guerras mundiais, que geraram traumas, embora causadas por ele mesmo.

– Quanto ao meu povo, todo dia, onde vivo, é uma guerra mundial.

– Escuta. Vou te contar uma experiência. Passo seis meses na capital gaúcha, tendo que suportar a agressão ao rio Guaíba e a desumanidade que uma capital oferece. E passo seis meses aqui. Lá, desumana. Aqui, humana. Procuro espalhar a paz que colho aqui tomando partido lá, na militância verde. Existem muitos assim na cidade. E procuramos fazer nossa parte. Vivemos dentro do cheiro da ignorância. Não é menos difícil de suportar que o seu povo. Acredite, vocês têm aliados. A luta é nossa. Mas não vamos alimentar a raiva e o ódio. É nosso ponto fraco. Veja, eu sou da terra dos ventos, sou filha de Iansã. Sei a hora de guerrear, sei a hora de recuar.

Me contou que Iansã é a divindade que rege os ventos e os raios. Uma orixá, dentro da cultura dos povos negros. Uma guerreira respeitada pelos grandes orixás guerreiros. E disse que, embora gaúcha filha de pais europeus, se iniciara espiritualmente através da sabedoria dos povos africanos.

No inverno, me convidou para a festa que ela e mais algumas amigas faziam numa determinada lua cheia. Disse-me que era de fortalecimento da alma. Faziam esse ritual há anos. Na ocasião tomava-se somente sucos e se comia frutas. Era o lual. Na beira da praia a enorme fogueira clareou a noite inteira o tempo da festa. Frutas decoravam o ambiente. Conversamos sobre as estrelas. Quando a fogueira chegou ao seu fogo máximo Gike pediu que

mine she had met in the Amazon.

"I hope those relatives received nothing more than visitors like you, that listened to them well. It is very difficult for me, not to feel rebellious and have raging feelings: before I was born, I was already at war."

"I understand. My people went through two world wars that generated traumas, even though they were responsible for them."

"As for my people, where I live, everyday is a world war."

"Listen. I will tell you what I do: I spend six months in the Gaúcha capital, trying to put up with the aggression to the Guaíba river and the cruelty that a capital imposes on people. And I spend six months here. Over there, inhuman. Here human.

There I try to spread the peace I harvest here, engaging in the green militancy.

There are many like me in town. And we try to do our share. We live among the smell of ignorance. It is as difficult to cope with it as it is for your people.

Believe me, you have allies. The struggle is ours, but we shall not feed the rage and the anger. That is our weak point. Look, I am from the land of winds, I am daughter of Iansã. I know the hour to fight, I know the hour to withdraw."

She told me that Iansã was a divinity that ruled the winds and the lightnings, an Orixá in the culture of the black people. A warrior respected by the great Orixás warriors. And she said that even being Gaúcha and daughter of Europeans, she was spiritually initiated with the wisdom of the African people.

Next winter, she invited me to a party that she and a few friends performed in a specific full moon. She told me that it was for the strengthening of the soul. They had been performing that ritual for years. On such occasions, only juices and fruits were offered. It was

fizéssemos um círculo e começou sua prece anual, tão forte e sincera que marcara na memória. Algumas mulheres em torno do fogo me fizeram estar ao mesmo tempo na aldeia enquanto diziam:
– Grande fogo que nos ilumina e vivifica, andamos errantes até apagar a nossa luz própria. Agora diante de ti, lembramos do fogo que há em cada um de nós. Iluminai a escuridão que nos cerca com sua sagrada luz. Que diante de ti nossa alma, nosso fogo pessoal seja fortalecido, preenchendo nossa mente de sabedoria. Eliminando o escuro da ignorância, para sempre.

Ao fim, Gike sugeriu que ensinasse uma dança da minha tribo a todos. Foi a primeira vez que me dei conta que nossa dança poderia ser sagradamente feita com qualquer pessoa. Pois no lugar onde eu ensinara outras vezes estavam interessados somente na técnica da dança. E ali senti o interesse pelo vôo que ela fazia. Dançamos. A dança txukarramãe da Terra. Até a noite ir vestida de nossa alegria. A primavera, de acordo com a tradição milenar, é o começo de tudo. Os curumins primeiros, irmãos gêmeos, que criaram os povos com seus popyguás (suas varas de poder) e criaram as borboletas e as chuvas e as flores e os rios. Fizeram tudo isso na primavera. Desde então, de tempos em tempos, há primaveras, para lembrarmos o começo de tudo. Do início desdobrador de vida, esta prossegue eternamente em seu desdobrar. Nós dizemos Arapoty, a estação do começo.

Quando ela chegou, sonhei que tinha que voltar para a turva aldeia. Resisti. Não queria deixar meus amigos ventos, o professor Mar, os saudáveis peixes, a límpida luz dos riachos e cachoeiras. Mas tornei a

the Luau. On the beach, the enormous bonfire lightened the feast the whole night long. Fruits decorated the scene. We talked about the stars. When the fire reached its maximum, Gike asked us to stand in a circle and then started her yearly prayer, so strong and sincere that was imprinted in my memory. Some of the women around the fire made me be at the same time at the village, while they said:
"Great fire that illuminates us and vivifies, we walk as drifters until our own light turns out. Now, in front of you, we remember the fire that lives within each of us. Lighten the darkness that surrounds us with your sacred light. That in front of our soul, each one's own fire may be strengthened, filling our mind with wisdom. Withdrawing the darkness of ignorance, forever."
At the end Gike suggested that I taught a dance from my tribe to all. It was the first time that I perceived that our dance could be sacredly performed by any person. For, where I had taught on other occasions, they only were interested in dance technique. And here, I felt the interest in the flight it made possible. We danced the Txukarramãe dance to the Earth. Until the night was dressed with our happiness. Springtime, according to the ancient tradition, is the beginning of everything. The first curumins, twin brothers that created the people with their popyguás (power stick) and created the butterflies and the rains and the flowers and the rivers. They made all of it during springtime. Since then, from time to time, there is springtime for us to remember the beginning of everything.
From the unfolding beginning of life, that proceeds eternally in its unfolding. We say Arapoty, the station of the beginning. When it came, I dreamed that I had to come back to the misty village. I resisted. I didn't want to leave my wind friends, the Sea

sonhar. Dentro de nossa tradição, se você tem um sonho que te pede para segui-lo, deve executá-lo. Se não o faz e torna a sonhar, então deve realizá-lo imediatamente, pois faz parte da vida, porque não há uma terceira vez e o preço de não ter seguido o sonho é o mais caro para um guerreiro. É uma catástrofe.

Antes de ir embora, fui me despedir de Gike e tirar umas interrogações que me rondavam:

– Você é bruxa?

Riu.

– Aquele ritual é ritual de bruxa? – eu perguntava.

– Aquele ritual muita gente faz aqui, por tradição. Há tradições que eu gosto, embora faça do meu jeito. Gostei muito de sua tradição. É sincera e comunga com alma da Terra. A mim também agrada a tradição iorubá. Pois não sou de Iansã?

– Então, não é a bruxa da ilha? Mas de qualquer modo, obrigado pela magia que você fez em mim. Aprendi como lidar com a ignorância de minha parte. Deve ser por isso que tenho que voltar. Sonhei ontem e estou indo.

– Calma. Vamos tomar um chimarrão. Tradição do sul.

Tomamos. Disse-lhe que entre nós também havia esse costume e tinha uma época consagrada e dedicada à festa do mate. E os pajés faziam arranjos da erva, decorando o Opy, a oca sagrada, e através de folhas colhidas pela comunidade, tinha um chá ritual, simbolizando a unidade da nação. A festa durava três dias e ao final todos distribuíam felicidades entre si.

– E como é que se deseja felicidade em guarani?

– Ikoporã.

– Então boa viagem e ikoporã.

teacher, the healthy fish, the clear light of the creeks and waterfalls. But I dreamed again. In our tradition, if you have a dream that asks you to follow it, you must do so. If you don't and dream again, then you follow it at once, because it is part of your life and there will not be a third time and the price for not following the dream is the hardest for a warrior. It is a catastrophe. Before leaving, I went to say good-bye to Gike and clear some questions that prowled me: "Are you a witch?" She laughed.

"Was that ritual a witch ritual?" I asked.

"Many people around here perform that ritual by tradition. There are traditions that I like even though I perform them my own way. I liked your tradition very much. It is sincere and communes with the Earth's soul. To me, it also pleases the Iorubá tradition. For, am I not from Iansã?"

"Then, your are not the island witch? Any way, thank you for the magic that you made in me. I learned how to deal with my own ignorance. That must be why I have to go back. Yesterday I had this dream and now I am going."

"Take it easy. Let us drink chimarrão. A southern tradition."

We drank the strong southern tea together. I told her that among us there was also this tradition and there was a consecrated and dedicated time for the feast of the mate tea. And the pajés made herb ornaments, decorating the Opy, the sacred hut and, through the leaves harvested by the community, there was a ritual tea, symbolising the nation's unity. The feast lasted three days and, at its end, all distributed greetings.

"And how do you greet in Guarani?"

"Ikoporã."

"Then farewell and ikoporã."

← A voz da mata
The voice of the forest →

Gwirá-Pepó estava dentro da oca sagrada, o Opy, quando cheguei. Próximo ao Ambá. O altar de reverência onde fica a simbologia guarani do caminho do Sol: dois paus entrecruzados exatamente ao meio representando as forças de equilíbrio da Terra, centrífuga e centrípeta, macho e fêmea, curumim-cunhã, dia-noite. Em seguida, pendurado, o popyguá, as duas varetas que representam o poder de criar – são a lembrança dos primeiros popyguás dados por Tupã aos curumins gêmeos que criaram as coisas da Terra, dando-lhes nome. Logo após vem o petenguá, que representa a sabedoria do ancião, a única forma do deus que há no homem se fazer presente. Dentro do petenguá habita a brasa inicial significando o próprio Tupã prestes a soprar o pensamento que tudo cria. Assim, o petenguá guarda o segredo do fogo. Ao lado, a cabaça em concha mãe contendo a água geradora da vida, que é o princípio de Nhandecy – a que flui a criação tornando-a criatura, em permanente renovação. É esse conjunto que chamamos Ambá. Que é a base do ensinamento para o caminho do Sol. Gwirá-Pepó estava lá.

Gwirá-Pepó was in the sacred hut, the Opy, when I arrived. Near the Ambá. The altar of reverence, where the Guarani symbolism of the trail of the Sun is located: two crossed sticks, exactly in the middle, representing the forces of the Earth's equilibrium, centrifugal and centripetal, male and female, curumim-cunhã, day-night. Then, hanging, the popyguá, the two sticks that represent the power to create – they are a memory of the first popyguás, given by Tupã to the curumim twins that created all things on earth, giving them names. Then comes the petenguá (the pipe), that represents the wisdom of the ancient, the only way that the god within each being can make itself present. Inside the petenguá lives the first ember coal, representing Tupã himself, ready to blow the thought that creates all. Thus, the petenguá keeps the secret of the fire. By its side, the mother-shell bowl containing the water that generates life, which is the Nhandecy principle – the one that flows creation turning it creature in permanent renewal. It is this set that we call Ambá. Which is the foundation of the teaching to the trail of the sun. Gwirá-Pepó was there.

Entrei. Mas ele estava diante de um elemento novo e riscava-o. Traçava ensinamentos. Estava diante de uma velha, porém não menos sagrada, lousa. Riscando o alfabeto – dividindo em português e guarani. Curumins no chão com pedaços de papel em punho repetiam a lição do cacique. Por iniciativa comunitária, a aldeia decidira alfabetizar-se. O conselho da tribo refletira e chegara à conclusão de que naquele lugar, onde outrora fora Mata Atlântica e agora periferia da cidade paulistana, a resistência passava pela compreensão mais profunda de outras culturas, principalmente a chamada civilização, pois a aldeia não escapara dos dentes de anhan, o mal, e sim precipitava-se em sua boca.

Fiquei entusiasmado, soube que o Conselho amadurecera um projeto que ia desde uma nova idéia de educação até o aprendizado e desenvolvimento de técnicas alternativas de criação de peixes e recuperação de terra:

– Precisamos trazer abelhas para que refloresçam a mata e minhocas para beijar a terra.

Em tempos antigos um Conselho Tribal da comunidade era formado na maioria por anciões. Mas nas últimas luas da década de 80 fortaleceu-se através da participação da juventude. Entre as novas lideranças estavam os que tinham estudado a mata de aço com seus homens de pedra. Comecei vagamente a compreender o sonho que tivera na ilha. Reencontrei amigos na cidade, velhos guerreiros do verde, trabalhando no governo municipal. Ao escutar as propostas da aldeia, colocaram-se à disposição para apoiar e materializar o que pudessem do projeto. Foi o início da uma grande colaboração mútua. Eu era a ponte. Dentro da luta das nações indígenas, não só a comunidade

I went inside. But he was in front of a new element and was streaking it. He was streaking teachings. He was in front of an old but no less sacred drawing board, streaking the alphabet – dividing it into Portuguese and Guarani. Curumins on the floor, grasping pieces of paper, repeating the chief's lesson. Through community initiative, the village had decided to learn to read and write. The tribe's counsel had reflected and come to the conclusion that in that place, where formerly was the Atlantic Forest and was now the suburb of the city of São Paulo, resistance passed through a more profound comprehension of other cultures, specially the one called civilisation; for the village had not escaped the anhan teeth, the evil, and, yes, was falling in its mouth. I was enthusiastic and knew that the counsel had matured a project, that went from a new educational concept up to the apprenticeship and development of alternative techniques for fish raising and soil recovery. "We need to bring bees, so they may seed the forest, and worms, to kiss the earth."

In ancient times, the majority of ancient ones formed the community Tribal Counsel. But during the last moons of the 80's, it was strengthened through the engagement of youth. Among the new leaders were the ones that had studied the steel forest with their stone men. I started to slowly understand the dream I had had on the island. I met friends in town again, old green warriors, working in the municipal government. While listening to the village proposals, they offered their services to support and make happen whatever they could for the project. It was the beginning of a great mutual co-operation. I was the bridge. Within the struggle of the indigenous nations, not only the Guarani community of São

guarani de São Paulo com suas oito aldeias passou a procurar novos meios de lidar com a chamada civilização, mas de norte a sul do país as nações ditas 'contactas' passaram a defender suas culturas (principalmente com o objetivo de proteger o frágil coração da Mãe Terra), Tukano, Krenak, Terena, Munduruku, Xavante, Juruna, Yanomami, Kaiapó, Waianpi, Suruí, Pataxó, Funiô, Kadiweu; enfim uma revoada guerreira, representando os povos da floresta, acabou por fundar a União das Nações Indígenas (UNI). Tais guerreiros passaram a levar as mensagens da Grande Mãe, captada pelos pajés, aos povos civilizados, cuja Ciência tinha criado na época um gigantesco buraco no céu, que poderia significar o começo do desabamento do teto do mundo sobre todos. Tal criação já havia sido prevista por pajés anos antes de tornar-se pública, para que o Governo Civilizado pudesse precaver-se e modificar o rumo dos atos que causaria; desde de que desse ouvidos à Ciência da mata.

Paulo, with its eight villages, went searching for new means to deal with the so-called civilisation, but from North to South of the country, the Nations called 'contacted' started to defend their cultures (specially with the objective of protecting the weak heart of Mother Earth). Tukano, Krenak, Terena, Munduruku, Xavante, Juruna, Yanomami, Kaiapó, Waianpi, Suruí, Pataxó, Funiô, Kadiweu, a warrior flying flock of birds, representing the people of the forest, finally founded the União das Nações Indígenas (UNI) – Indigenous Nations Union. These warriors began to pass ahead the messages of the Great Mother received by the pajés to the civilised people, whose science had, at that time, created a gigantic hole in the sky, which might have represented the beginning of the crumbling of the world's ceiling upon us all. Such creation had already been forecast by the pajés, years before it became public, so that the Civilised Government could caution and change the trend of acts that would cause it; provided it listened to the Science of the Forest.

Invadindo o Novo Mundo
Invading the New World

Encontrei Tiramãe Tujá pela primeira vez quando, por uma das inúmeras trilhas que vão para o centro da aldeia, carregava sobre suas costas um enorme feixe de lenha. Ofereci-me para ajudá-lo e ele, silenciosamente, dividiu em duas partes iguais e continuamos a jornada. Pai de Gwirá-Pepó, que embora da idade dos jequitibás sustentava-se no chão com força e leveza. Afeiçoei-me a ele. Sempre que o via realizando alguma tarefa, me aproximava, seja tecendo tiara, cesta, arco, ou na roça punha-me a conversar. Através dele fui descobrindo o espírito milenar guarani que estava acima dos fragmentos da memória que erguia a nostalgia da juventude Nandeva. Não havia pressa em nada do que fazia, mas seus feitos multiplicavam-se permanentemente. Vi, sozinho, plantar roças de mandioca que frutificavam para a aldeia sem que ninguém desse conta de quem fizera. Vi roças de kumandá, o feijão. Roças de awati, o milho – alimento especial desenhado por Tupã; e nada lhe parecia ser esforço. Uma vez me aproximei quando talhava do nó de pinho o sagrado petenguá; estava de cócoras e havia acabado de semear um campo enorme, perguntei-lhe:

– Cansado?

– Faz muito tempo que o corpo não cansa... Semeava até agora... Prá não perder o passo da

I met Tiramãe Tujá for the first time when, in one of the numerous trails that leads to the village center, he carried on his back an enormous bundle of wood. I offered to assist him and, silently, he divided it in two equal parts and we then continued the journey. Gwirá-Pepó's father, while with the age of the jequetibás, sustained himself on the ground with strength and lightness. I developed a friendship for him. Every time that I saw him performing some task, I came near, whether was he weaving a crown, a basket, a bow, or in the field, and I would start a conversation. Through him, I began to discover the ancient Guarani spirit that resided above the fragments of the memory that carried the nostalgia of the Nandeva youth. There wasn't any rush in whatever he did, but his achievements multiplied permanently. I saw him all by himself planting manioc crops that would nourish the village, without anybody noticing that he had done it. I saw crops of kumandá, the beans. Crops of awati, the corn – a special food drawn by Tupã; and nothing seemed to require endurance from him. Once I came close while he was hacking the sacred petenguá from a pine knot; he was squatting and had just finished seeding an enormous field. I asked him:
"Tired?"
"There has been a long time since my body has tired... I was seeding till now... so not to lose the

época. É o momento do awati. Se deixasse passar, aí sim me cansaria para recuperar o tempo que se perdeu. Aprendi, nessa idade, a fazer o passo da dança certo.

Como eu ia constantemente à cidade, ele me perguntava sempre como eram as coisas lá. Poucas vezes em sua vida, descera e atravessara as largas e duras trilhas da civilização. Somente quando precisava ir a uma aldeia mais distante, que tivesse que cortar pelo coração da onça de néon, ou nos raros tempos em que ia vender artesanato. Disse-me uma vez que a alma daquele povo de pedra era como a de um dos irmãos gêmeos que fundaram e criaram coisas da Terra; contou-me:

– Tupã, o Criador, pôs os dois curumins na Grande Roça para cultivarem o mundo. E deu-lhes o popyguá, a vara do poder de criar. E puseram-se os dois a andar. Um girou o popyguá e inventou o céu. Acharam divertido e riram. O outro girou e fez brilhar as estrelas. E assim foram: rio, pedra e mata. Tatú, tatuíra, tatuí. Panambi, uirás, parás. Jaraguás e morumbis. Oiapoques e Chuís. Foram inventando. Pararam para descansar. Sentiram fome. Um bateu o popyguá e a terra brotou frutos. Sentiram vontade de morada; o outro bateu o popyguá e fez ocas. Quando se deram conta, o mundo estava criado. Riram muito. Um dia, Nhanderyquei chegou, riscou com popyguá uma área, fez um desenho das coisas que tinham saído de si e disse: "Isto é meu". Nhanderuvutsu falou: "Tudo bem" e foi-se. Criou outros lugares. Com o tempo, apareceu o irmão, cheio de criações, dizendo: "Isto é errado, saia daí, para que eu possa pôr as minhas". Saiu e foi-se. Aos poucos, Nhanderuvutsu foi ficando mais no coração da mata, enquanto o outro tomava conta de tudo. Só

season timing. This is the moment of the awati. If I let it go by, then I would get tired making up for the lost time. I learned, at this age, to do the right pace of the right dance."

As I used to go constantly to the city, he asked me how things were over there. Very seldom in his life did he go down and across the large and hard trails of civilisation. Only when he had to go to a more distant village and had to cross through the heart of the neon jaguar, or in the rare times when he had to sell crafts. He told me once, that the soul of that stone people was like one of the twin brother's heart, those who founded and created all things on earth; he told me:

"Tupã, the Creator, put the two curumins in the Great Fields, to harvest the world. And he gave them each a popyguá, the stick with the power to create. And they both started walking. One rolled the popyguá and invented the sky. They found this funny and laughed. The other rolled his and made the stars. And so they went: river, stone and forest. Tatú, tatuíra, tatuí. Panambí, uirás. Parás, jaguarás and morumbís. Oiapoques and Chuís. They went on creating. They stopped to rest. They felt hungry. One knocked with the popyguá and the earth sprouted fruits. They felt the need of a house; the other knocked the popyguá and made ocas. When they took notice, the world had been created. They laughed much. One day, Nhanderyquei arrived. He streaked an area with a popyguá, made a drawing of the things that had come out of him and said: "This is mine." Nhanderuvutsú spoke: "All right," and was gone. He created other places. With time, the brother showed up, full of creations, saying: "This is wrong, get away from here so that I may put mine." He left and was gone. Little by little Nhanderuvtsu stayed more in the heart of the

que havia um segredo deixado por Tupã no popyguá; se ele não fosse usado com o mesmo peso e a mesma medida pelos irmãos, um dos popyguás, ao invés de criar, destruiria o já criado e sua própria criatura.

A tribo mudara muito, sem se mudar. Quando eu nasci, situava-se no meio da Mata Atlântica; um pingo, uma aldeiazinha. Agora o que restou da Mata Atlântica ficara no meio dela. Beirava-se, ontem, próximo a um vilarejo que iria se formar; hoje, na periferia ao lado sul da metrópole. A represa ainda lhe cortava, exalando algo de podre vindo do centro do reino lá, ao longe.

Na escola improvisada onde Gwirá-Pepó lecionava os curumins aprenderam que as terras foram divididas em 'capitanias hereditárias'. Passou a ser muito visitada por antropólogos, estudantes, padres, repórteres, curiosos. Um dia apareceu uma equipe de produção da TV Manchete, convidou-nos a participar de gravações de uma telenovela; era 'O Guarani', baseada no romance do escritor José de Alencar. O Conselho da comunidade gostou da idéia. Era o momento em que toda a tribo iria 'descobrir' a civilização, por dentro de sua alma. Iríamos representar os guaranis do século XVII e os Aimorés, nação que não existe mais. Fui procurar Tiramãe Tujá para incentivá-lo a ir; era também a oportunidade para que ele conhecesse mais dos rituais metropolitanos, além de que era o nosso maior representante. Foi assim que trinta guaranis desembarcaram no Rio de Janeiro, no mês de junho de 1991, dia do descobrimento da aldeia 'karioka'. Divididos em dois hotéis: um grupo ficou na rua do Catete, em frente ao palácio; outro ficou no aterro do Flamengo, Hotel Novo Mundo.

forest, while the other took hold of everything else. There was, however, a secret left by Tupã in the two popyguás; if they weren't used with the same weight and measure by the brothers, one of them, instead of creating, would destroy what had been created and its own creature."

The tribe changed a lot, without moving. When I was born, it was located in the middle of the Atlantic Forest; a drop, a small village. Now, what was left of the Atlantic Forest was in the middle of it. Yesterday, we where on the outskirts, close by a village that was to be settled; today, on the southern outskirts of the metropolis. The reservoir still crossed it, exhaling something rotten coming from the center of the kingdom, there, far away. At the improvised school, where Gwirá-Pepó taught, the curumins learned that the lands had been divided into 'hereditary captaincies'. Anthropologists, students, priests, reporters, curious people frequently visited the village. One day a team from the Manchete TV appeared and invited us to engage on the making of a soap opera; it was called 'The Guarani', based on the classic novel written by José de Alencar. The Community Counsel approved the idea. It was the moment when the whole tribe was to 'discover' civilisation from the inside of its soul. We would play the Guaranis from the 17th century and the Aimorés, a nation that no longer exists. I went to look for Tiramãe Tujá, so as to make him join us; it was also an opportunity for him to get better acquainted with the metropolitan rituals, besides also being our best representative. It was thus that thirty Guaranis landed in Rio de Janeiro, in June 1991, the day of the discovery of the Karioka village (Rio de Janeiro City). We were divided into two hotels: one group was at Catete Street, in front of the palace of the same name, the other in the Flamengo's Embankment, at the New World Hotel.

← ◄ O Rio de Janeiro

Rio de Janeiro ► →

Estávamos conhecendo o lugar dos Iksos, o lugar onde mora anguery, na enorme árvore de cimento – por dentro dela –, o lugar dos ladrões de almas. Vimos o que fazem depois de roubá-las: prendem-nas em pequenas caixinhas retangulares e guardam essas caixinhas em caixas maiores, ordenadamente, e tiram e põem em quadradas caixas eletrônicas e multiplicam, e cortam e retalham, e colam. A manhã de sol foi dividida e retalhada várias vezes e colocada atrás do pássaro multiplicado por mil para esconder o tom opaco de sua alma presa. Faziam aquelas almas colorirem-se do que o diretor dos ladrões queria dizer, essas almas agora eram escravas e diziam o que lhes mandavam, da maneira que compunham. Iam, enfileiradas por uma tela da quadrada caixa mágica, correndo, sumindo, desintegrando-se; destituídas de si, de sua música primeira, de sua dança primeira, de seu vôo primeiro. Os ladrões procuravam fazer com que o espírito preso da manhã de sol nascendo na caixa mágica se aproximasse ao máximo da manhã de sol roubada. O lugar dessa feitiçarias chama-se 'ilha de edição'. Estávamos lá – todos da tribo –, na ilha das almas roubadas, em frente a teclas e imagens. Na oca gigante da TV Manchete. Os guaranis mais velhos ficaram preocupados com aquele conhecimento que nos estava sendo passado: "O que fariam com as nossas?" O conselho debatia. Tiramãe

We were getting acquainted with the place of the Iksos, a place where anguery lives, within the enormous cement tree – inside it – the place of the soul robbers. We saw what they did after stealing them: they are locked in small rectangular boxes which are kept in larger ones, in an orderly manner, and then withdrawn and put in square electronic boxes and multiplied, and cut, and shred, and glued. The sunny morning was cut and shredded several times, and put behind the bird, multiplied by a thousand, as to hide the dull tone of its locked soul. They coloured these souls in the way that the director of the thieves wanted to; these souls were now slaves and said whatever it was told them to be said, the way it was composed. They went, in single file, through the scope of the magic square box, running, disappearing, disintegrating, self-destituted of their primary music, of their primary dance, of their primary flight. The robbers tried to make the locked spirit of the rising morning sun, springing in the magic box, be as close as possible to the stolen sunny morning. The place of these witch-crafts is called 'edition island'. There we were – all from the tribe – in the island of the stolen souls, in front of keys and images. In the giant Manchete TV oca. The oldest Guaranis were worried about the knowledge that was being given to us.
"What are they going to do with our souls?"

Tujá pegou o petenguá e silenciosamente pediu proteção às nossas almas.

O diretor da mini-série percebeu uma certa preocupação. Apresentou-se: Marcos Schettman. Queria saber se nós estávamos bem. Contei-lhe a preocupação do Conselho; então ele explicou:

– O meu povo, embora diferente do seu, conhece na pele e no coração histórias de guerras e tormentos, assim como muitos dos seus antepassados foram mortos pela ignorância humana, e tenho conhecimento de que hoje há muitos conflitos; os meus antepassados, não muito distantes, fizeram parte de uma das mais horríveis páginas da história da civilização, uma coisa que destruiu num gesto o que precisou de anos para destruir seu povo. Vocês falam em resistência e resgate e eu me identifico. Vocês falam que muitas vezes em seu próprio lugar de origem são tratados como estrangeiros e eu me identifico. Falam em paz e eu me identifico. Por isso desejei dirigir esta mini-série. É a minha forma de mostrar para o público da cidade, que este país tem uma cultura que vem de várias, mas que tem uma origem que vem de uma que tem lutado desde sempre para se fazer respeitada, tanto quanto essa cultura primeira respeita a Terra. Vocês, no ano que vem, ano da ECO-92, serão moda. Gostaria de mostrar que mais do que moda, passageira, a sabedoria de seu povo fosse prática. Nós estamos precisando.

Senti que estávamos fazendo uma grande amizade, ao mesmo tempo em que fiquei triste por conhecer a história dos antepassados dele. Cada vez mais eu me surpreendia com a capacidade da civilização de gerar terrores. Mas vi que estávamos juntos, virei-me para o Conselho e disse:

The Counsel debated. Tiramãe Tujá took the petenguá and silently asked for the protection of our souls.

The series director perceived certain uneasiness. He introduced himself: Marcos Schettman. He wanted to know if we felt fine. I told him about the Counsel's worries; then he explained:

"My people, though different from yours, knows in the flesh and the heart the history of wars and torments, like the way many of your ancestors were killed by human ignorance, and I know that until today, there are many conflicts. My ancestors, not so far away, were part of one of the most horrendous pages in civilisation's history, something that destroyed with a single gesture, what took years to destroy your people. You speak of resistance and release and I identify myself with you. You say that frequently, in your own place of origin, you are treated as strangers, and I identify myself with you. You speak of peace and I again identify with you. That is why I wanted to direct this series. It is my way of showing to the city audience that this country has a culture that comes from several ones, but which has an origin that comes from one that has been fighting since the beginning to earn respect as much as this primary culture respects the Earth. Next year, the year of the ECO-92, you will be in the news. I would like to show that, more than news, which is temporary, the wisdom of your people is practical. We are in need of it."

I felt that we were building up a great friendship, at the same time that I became sad to know the history of his forefathers. More and more I was surprised with civilisation's capacity to generate terrors. But I saw that we were together. I turned to the Counsel and said:

– O diretor dos ladrões de almas está do nosso lado!
O elenco, chamavam-nos estrelas. No cumprimentar
da civilização, tocamos as mãos. Pegamos nas
estrelas. Havia um indígena estrela, Kadiweu
Macsuara, que já conhecia segredos de filme e
novela. E que nos ajudou, no decorrer das
gravações, aprimorando-nos em orientações, ensaios
e revelando mistérios: das cenas, do set, do take, da
câmera, da comunidade dos técnicos. Fomos
aprendendo. Amanhecemos no século XVII. Eu
guerreiro aimoré. Aventureiros do além-mar em
busca de ouro e terra destruíram uma aldeia guarani
e agora estão prestes a nos atacar. Cunhãs banham-
se na luz do rio. Curumins brincam e rolam no chão.
Armas de fogo engatilham-se.
– Corta! – disse o diretor Marcos Schettman.
As cenas corriam. O dia voava.
De noite, estávamos eu e Tiramãe Tujá olhando da
janela do nosso quarto, em frente ao Palácio do
Catete, esperando acalmar o tempo. Depois, fomos à
praia andar um pouco. Ficamos vendo o mar.
Tiramãe Tujá olhou a famosa imagem do Rio. O
Cristo Redentor. Eu também observava pela primeira
vez. Perguntou-me:
– É Nandejara-Tupã?
Não sabia como responder. Na nossa tradição,
Nandejara-Tupã é o primeiro desdobramento da Luz-
pai-mãe, é o criador senhor de si mesmo. A estátua
diante de nós tinha a expressão mesma do que nós
denominamos Tupã Papa Tenondé, O que Abraça a
Criação, o conhecedor das lições. Essa lembrança foi
gerada pelo ato de abraçar, de estar sempre à
disposição mesmo que já habite o alto. Como eu
tinha escutado e lido muitas versões e significados
para as católicas culturas, então comentei:

"The director of the soul thieves is on our side!"
The cast, they called us the stars. In the
acknowledging of civilisation, we touched hands. We
reached the stars. There was an Indian star,
Kadiweu Macsuara, who knew the secrets of film
and soap opera. And who helped us during the
recordings, coaching us through guidance, tests and
revealing secrets of the scenes, the set, the takes,
the camera: the technicians' community.
We were learning. We awoke in the 17th century.
I as an Aymoré warrior. Adventurers from beyond the
sea, searching for gold and land, destroyed a
Guarani village and are now about to attack us.
Cunhãs are bathing in the river light. Curumins play
and roll on the sand. Fire arms are triggered.
"Cut!" said the director Marcos Schettman.
The scenes ran. The day flew. By night, Tiramãe Tujá
and I were looking from our window, in front of the
Catete Palace, waiting for time to calm down.
Afterwards we went to the beach to walk a little. We
watched the sea. Tiramãe Tujá looked at the famous
Rio image. Christ, the Redeemer. I too, looked at it
for the first time. He asked me:
"Is it Nandejara-Tupã?"
I didn't know how to answer. In our tradition,
Nandejara-Tupã is the first unfolding of the Light-
father-mother; he is the Lord Creator himself. The
statue in front of us had the same expression of whom
we name Tupã Papa Tenondé, the One that Embraces
Creation, the connoisseur of lessons. That memory
was generated by the act of embracing, of forever
being at our disposal, even if already living in the
Heights. As I had read and listened to many versions
and meanings for the Catholic cultures, I said:
"The stories about this statue, since the birth of the

– As histórias em torno dessa estátua, desde o nascimento do ser que ela procura representar, parecem uma pororoca. Hoje, as pessoas que ergueram estão tentando descobrir de quem e o que ela é.

– Hum... devido a minha idade, só tenho um olho, e prá mim é só ver. Eu vejo como é bonita em cima do morro abraçando o céu, o mar, a terra, a gente. O resto não importa muito. Mas, como a tradição desse povo é de fuçar para descobrir, quem sabe descubram muita coisa que não sei, e que eu esteja vivo para aprender.

No dia seguinte, após as cenas, fomos convidados pelo diretor Marcos Schettman para jantar no Hotel Novo Mundo:

– Entre o índio Peri e a sinhazinha Ceci houve a única razão que supera as diferenças culturais.

E creio que é a lição que a civilização precisa. Essa razão é o amor.

Nos meses que seguiram, foram cenas e mais cenas procurando recriar o Brasil de três séculos atrás. A equipe de produção era um grupo que ia estudar o lugar cuja alma seria roubada para satisfazer a idéia do diretor. Foram pelos interiores do Rio de Janeiro. Em seguida íamos atrás: Xerêm, Nova Friburgo, Sumidouro. Uma vez em Nova Friburgo precisaram de uma cachoeira para compor uma cena. Acharam-na derramando quilômetros de sua claridade nos limites de uma fazenda na cidadezinha de Sumidouro. Foram pedir autorização para filmar e a dona da fazenda, observando a necessidade, disse que permitia por alguns milhões. O diretor esbravejou e depois nos disse:

– Estão vendo, eles não só são donos do lugar que para vocês é sagrado, como vendem as almas

Being that it tries to represent, sounds like a pororoca (the big waves on the Amazon river caused by the ocean's tides). Today, the people that put it up are trying to find out from whom and what it is.

"Hum... due to my age, I only have an eye and it is just to see. I see how beautiful it is on top of the mountain, embracing the sky, the sea, the earth, the people. The rest doesn't matter much. But, since the tradition of that people is to nose around to discover things, maybe then they will discover many things that I don't know of and that I may be alive to learn."

On the next day, after the shooting, we were invited by the director Marcos Schettman to have dinner at the New World Hotel:

"Between the native Peri and the little lady Ceci happened the only thing that can bridge cultural differences. It is the way that civilisation needs to learn. That is the way of love."

On the following months, there were scenes and more scenes that tried to recreate the Brazil of three centuries ago. The production team was a group that was going to study the place from which the soul was to be stolen, to satisfy the idea of the director. They went to the interiors of the Rio de Janeiro State. Afterwards, we would follow them on to Xerêm, Nova Friburgo, Sumidouro.

Once in Nova Friburgo, they needed a waterfall to compose the scene.

They found it pouring kilometres of its clarity in a neighbouring farm, in the small town of Sumidouro. They went on to request the authorisation to film and the farm lady owner, observing their need, said she would allow shooting the film there for a large amount of money. The director roared and told us afterwards:

"You see, not only are they the owners of the area that

desse lugar.

Foi assim que trinta guaranis, em dois meses e meio de intensas gravações, tomaram lições de metrópole: trânsito congestionado, as avenidas, arquiteturas do passado e do futuro, o luxo e os meninos dormindo debaixo dos bancos da praça, entorpecidos. A inteligência e a tecnologia. Os broches, as bandeiras, as camisas coloridas, os espelhos, os espelhozinhos, os espelhos mágicos que nos gravavam, os espelhos de guardar e mostrar almas que nos deram, que havia em todas as ocas civilizadas, espelhos em que se adoravam.

Guardei para mim o último capítulo, quando a casa de Ceci explode. Os aimorés atacam a casa-grande para se vingar. Eu, aimoré que era, estava com a lança da guerra e da revanche. Explodi junto. Peri e Ceci foram salvos por uma palmeira sagrada em meio ao rio furioso de tanta luta. E, após chegarem em terra firme, recomeçaram a história da humanidade, pela lei do amor que os movia.

for you is sacred, as they sell the souls of this place."
It was so that thirty Guaranis, within two and a half months of intense filming, took their lessons from the metropolis: traffic and traffic jams, avenues, architecture from the past and the future, the luxury and the children sleeping under park benches, torpid. The intelligence and the technology. The brooches, the flags, the coloured shirts, the mirrors, the small mirrors, the magic mirrors that enfolded us, the mirrors they gave us to keep and show the souls that existed in all civilised ocas, mirrors in which they adored themselves.
I kept for myself the last chapter, when Ceci's home explodes. The Aymorés attack the great house to avenge themselves. I, Aymoré that I was, grasped the lance of war and of revenge. I exploded with it. A sacred palm tree, in the midst of a river enraged by so much fighting, saved Peri and Ceci. And, after reaching firm ground, they started anew the history of mankind, by the law of love that incites us.

◄─── Por quem meu povo dança

　　　　　　　　　　　　For whom my people dance ───►

O nome da alma

– Nosso Pai, o último, nosso pai, o primeiro,
fez com que seu próprio corpo surgisse
da noite originária.

A divina planta dos pés,
o pequeno traseiro redondo:
no coração da noite originária
ele os desdobra, desdobrando-se.

Divino espelho do saber das coisas,
compreensão divina de toda coisa,
divinas palmas das mãos,
palmas divinas de ramagens floridas:
ele os desdobra, desdobrando-se a si mesmo, Nãmandu,
no coração da noite originária.

No cimo da cabeça divina
as flores, as plumas que a coroam,
são gotas de orvalho.
Entre as flores, entre as plumas da coroa divina,
o pássaro originário, Maino, o colibri,
esvoaça, adeja.

Nosso pai primeiro,
seu corpo divino, ele o desdobra.

Desdobrando o fundamento da palavra futura,
conhecido Um, o que reúne,
aberta Uma, a fonte do canto sagrado,
então, com força, seu olhar procurava
quem será encarregado do Fundamento da Palavra,
do Um que reúne,
de redizer o canto sagrado.
Com força, seu olhar procura:
do divino saber das coisas,
saber que desdobra as coisas,
ele fez com que surgisse a divina companheira futura.

The name of the soul

"Our Father, the last, our father, the first,
provided for his own body to come forth
from the original night.

The divine foot soles,
the small round bottom:
within the heart of the original night
he unfolds them, unfolding himself.

Divine mirror of the wisdom of things
divine understanding of all things,
divine hand palms,
divine palms of flowery foliage:
he unfolds them, unfolding from himself, Nãmandu,
within the heart of the original night.

On the apex of the divine head,
the flowers, the plumes that crowned it,
are dewdrops.
Among the flowers, among the plumes of the divine crown,
the original bird, Maino, the humming bird,
flutters, flickers.

Our first father,
his divine body, he unfolds it.

Unfolding the foundation of the future word,
the known One, the one that joins,
opened One, the source of the holly chant;
then, with power, his eyes search
for the one who will be in charge of the Foundation of the Word,
the One that joins,
to chant once more the sacred chant.
With power, his eyes search:
from the divine knowledge of things,
knowledge that unfolds all things,
he made appear the future divine companion."

Novamente a memória nos trouxe aqui, ao pé do fogo estalando os galhos das lembranças, queimando. É longe e ao mesmo tempo agora e aqui que me vem a última vez em que vi Tijary, Meirê-Mekrangnotire, maino, a Vó colibri me contando as últimas sílabas da memória de nossa aldeia; me contando o modo da gente, a maneira, o meio. Modo este que não sou mais. Sendo agora um modo, uma maneira, um meio guarani de contar o já contado pelo destino. É longe o jeito como Meirê-Mekrangnotire voa contando quando o nosso povo era um: Iam-maraire, antes da missão dominicana. Quando viu-se em dois: os que pegaram nas armas para contra-ataque aos fazendeiros e nunca mais largaram, os Kube-Kragn; voando para o norte. Quando foi-se em três os que deixaram as terras que beiravam o rio Araguaia e fugidos, foram beirando de lá e cá até o rio São Francisco. Já vai esquecida a paisagem dessa lembrança, tecida de idas e vindas, fazendo um cocar de relembramentos. Indo e vindo. Hoje, ao norte de onde ainda habitava viva; na lembrança da lembrança de um olhar da Vó beija-flor passando por rios, passando pelo povo que restou; levando a filha que veio a ser no momento desse, agora a memória em mim da mãe que tive e que me curou pequeno, docemente, com ervas, dos males criados pela poluição de uma represa civilizada. Nessa oca, nessa aldeia coberta de bruma sob esse fogo que queima no chão de Krukutu; bem ao sul de onde tudo aconteceu. Ah! Tupã! Há dias que não existem; são como este, só o rio correndo dos dias que foram... de longe. Sou visto por Werá de Parati, que se aproxima. O pajé dos pajés guaranis. Veio a Krukutu para

Once more the memory brought us here, to the side of the fire crackling the twigs of memories, burning. It is far away and, at the same time here and now, that comes to me the last time I saw Tijary, Meirê-Mekrangnotire, maino, the humming bird grandmother, counting the last syllables of the memory of our village; telling me the way of people, the manner, the element. The way that I am no longer. Being now a way, a manner, a Guarani way to tell what has already been told by destiny. It is far from the way that Meirê-Mekrangnotire flies, telling about when our people were one: Iam-maraire, before the Dominican mission. When it saw itself in two: the one that took arms to counter-attack the farmers and never more left, the Kube-kragn; flying to the North. When it became three, those who left the lands that coasted the Araguaia River went along the coast here and there as runaways, as far as the São Francisco River. There goes, forgotten, the scenery of that memory, woven from coming and going, making a head-dress of memories. Coming and going. Today, to the North from where she still lives, alive in the remembrance from the memory of a look of the humming bird grandmother, passing by rivers, passing by what was left of the people, taking the daughter that came to be at this moment, now, the memory in myself of the mother I had, and that cured me when I was young, gently, with herbs, of the ills created by the pollution of a civilised reservoir. In that oca, in this village covered by mist under this fire that burns in the ground of Krukutu; well to the South from where it all happened. Ah! Tupã! There are days that do not exist; they are like this one, only the river running from the days that were... from afar. I am seen by Werá of Parati, that approaches. The pajé of the Guarani pajés. He came

coordenar os rituais de fortalecimento do espírito na festa do mate. O tempo já havia levado quase todos meus relembramentos quando nos acocoramos nele. Olho-me, o velho Werá, fazendo riscos no chão, quase flor, quase raiz; mais riscos, abrindo-se, quase pétalas.
– Escuta...
Pus-me a escutar o silêncio.
–... tua alma me sopra teu nome... é Werá também...
E ficamos ali.
– Deixa o raio luzir dentro de sua cabeça – disse-me de repente.
Pegou a terra do chão.
Molhou, fez um barro. Amassando-o, criou a consistência de uma cor encarnada na sua mão, moldando, até virar um tom rosa velho. Na feição que ia dando, refez uma forma de longas e longas

to Krukutu to co-ordinate the strengthening rituals of the mate tea feast. Time had already taken almost all my remembering, when we squatted together. I look inside myself, the old Werá drawing streaks on the ground, almost flower, almost root, more streaks, opening up, almost petals.
"Listen..."
I started to listen to the silence.
"... your soul blows me your name... it is also Werá..."
And we stayed there.
"Let the ray glow in your head," he told me suddenly. He took some dirt from the ground, wetted it and made some mud. Mixing it, he created the consistency with a reddish colour in his hand, moulding, until it became an old rose colour. In the face that he was moulding, he traced once more the form that the Tamãi carved moons and

luas atrás, que os Tamãi esculpiam, e disse:
– Tamãi são 'Antigos'. Almas sábias, que há muitas luas fizeram a dança da vida na Terra e realizaram o vôo do espírito. São os que já não tocam mais os pés no chão. Atuam, assim, no conselho do Céu.
Moldou uma plumagem feito o sol coroando a cabeça do guerreiro erguido pelo barro.
– A nossa alma vem do povo primeiro; os que agora são só imagem desse povo não sabem que éramos desde quando a Terra dançava mais perto do Sol. Raio de Tupã, quando se espelhava dourando o chão, para então sermos gerados. Acompanhados do primeiro e ultimo som: Tupã. Começo dos começos. Hoje nós conhecemos só a sua imagem, mesmo filhos, tupi, música do primeiro tom. Hoje a pele que o urucum protege é

*moons ago and said to me:
"Tamãi are 'ancient'. Wise souls that many moons ago made their life dance on Earth, and performed the flight of the spirit. They are those who no longer touch the ground with their feet. They act as so, in Heaven's Counsel."
He moulded some plumage, like the sun crowning the head of the warrior risen from the mud.
"Our soul comes from the first people; the ones that are now only images of that people who do not know that we have existed when the Earth danced closer to the Sun. Tupãs ray, when mirrored golden on the ground, for us to be then created. Followed by the first and the last sound: Tupã. Beginning of the beginnings. Today we recognise only his image, even being sons, Tupi, music of the first tune. Today, the skin protected by the urucum, is only the image of the great First*

só a imagem do grande Pai primeiro. Tupã Papa Tenondé. Pai que abraça a criação. Coroados. Das plumas de todas as cores que compõem o espírito. Por isso temos o compasso da primeira grande dança do primeiro começo. O primeiro giro, a primeira ginga, o primeiro círculo, nós o retemos sobre os pés. Os pés que tocam o caminho que leva ao sol. Pés no chão e a plumagem do espírito na cabeça. Por isso disseram: "Eis os coroados..." e o frescor da mata virgem banhou desde sempre nossos pensamentos. Nós temos a memória do primeiro raio, o da sabedoria; o som de Tupã tateando cada tom do coração. Por isso disseram: "Eis os filhos do Sol..." diante do Sol primeiro. Não da imagem do sol que temos hoje.

Falava enquanto terminava a forma. E me contou como o pai Sol pariu a mãe Terra, de como a Lua

Father. Tupã Papa Tenondé. The Father that embraces creation. Crowned. From the plumes of all colours that compose the spirit. For this, we have the rhythm of the first dance of the first beginning. The first twirl, the first jig, the first circle we hold under our feet. The feet that touch the trail that leads to the sun.

Feet on the ground and the plumage of the spirit on the head. That is why they said: "Those are the crowned ones..." and the freshness of the virgin forest bathed since ever our thoughts. We have the memory of the first ray, the one of wisdom; the sound of Tupã fingering each heart's tune. That is why he said: "Those are the Sun's children..." in front of the first Sun. Not of the sun's image we have today.

He spoke while finishing the small figure. And he told me how the father Sun gave birth to the mother Earth and how the Moon was born. On how time

nascera. De como passou o tempo no cair da primeira folha da primeira árvore que se erguera. Olhou em volta da mata procurando macucu-mirim para tirar o corante e coloriu a forma que esculpira a história que me revelava. Procurou folhas de aciajás que pudessem ser amassadas e transformadas na liga da cor, na força do tom, enquanto narrava. Não achou. Ficou triste, porque então o guerreiro de barro não duraria por muito tempo. Desmancharia. Enquanto narrava, houve um momento em que as palavras giraram mais rápido na boca; já não era mais a língua nandeva, mas a fala secreta atemporal; já era um canto que, comandava, que entrava pelos sentidos e fazia chorar. As sílabas somavam-se em esses sonoros; e cortes. Ouvia. A nossa música voava. Era a confirmação da alma.

went by during the fall of the first leaf from the first tree that had grown. He looked around the forest, looking for macucu-mirim to collect the pigment, and coloured the form that moulded the story that he was revealing to me. He looked for aciajás leaves that could be crushed and transformed into the colour binding, into the strength of the pigment, while he told the story. He didn't find them. He was sad because then the mud warrior wouldn't last for long. It would crumble. While telling his story, there was a moment when the words rolled faster in his mouth; it was no longer the Nandeva tongue, but the secret language, the timeless one; it was already a song that commanded, that entered through the senses and made you weep. The syllables multiplied in resounding esses; and interruptions. I listened. Our music flew. It was the soul's confirmation.

Entradas e Bandeiras
Entrances and 'Bandeiras'

Vi pedras talhadas da história do branco sobre o mármore. Li também a memória do mármore. Apalpei o mármore, que apontava em direção à avenida Brasil, todos os olhares de pedra, todos os corpos de pedra inclinados puxando a canoa do começo do povo civilizado em São Paulo. Enorme escultura pesando sobre o chão responsabilidades da história paulista. Entradas e bandeiras. Automóveis circulam permanentemente ao seu redor. Foi ali que escolhemos, nós e os militantes verdes, para um ritual. Íamos dançar pelo nosso povo doente que estava prestes a ser expulso da Casa do Índio, que ficava ali perto. Acendi o petenguá e rodeei as silhuetas petrificadas que puxam eternamente a canoa da metrópole. Do outro lado estava o Ibirapuera, fazendo divisa com o monumento. Enquanto o monumento das cores que compõe o lago próximo, o capim, a grama, as árvores, o céu, guarda a história de um povo guaianá que tocou os pés neste mesmo chão bem antes do século XVI, cuja aventura deixou apenas a alma do nome: Ibirapuera. As velhas árvores sagradas. Do verde milenar. Iríamos dançar naquele lugar, séculos depois dos guaianás desaparecerem. Décadas depois da Fundação Nacional do Índio ter criado, no centro da

I saw cut stones from the history of white people upon the marble. I also read the marble memory. I fingered the marble that pointed towards Brazil Avenue: all looks made of stone, all the bodies of reclined stone dragging the canoe of the first civilised people in São Paulo. A gigantic sculpture weighing upon the ground responsibilities of the Paulista history. Entrances and Bandeiras (names given to the first settlers expeditions into the wilderness). Automobiles permanently circling it. It was that place that we and the green militants chose to perform a ritual. We were going to dance for our sick people that were about to be driven out from the Indian House close by. I lit the petenguá and walked around the petrified silhouettes that dragged eternally the metropolis canoe. On the other side was the Ibirapuera Park, neighbouring the monument. While the monument of colours that composes the near by lake, the grass, the trees, the sky, keep the history of a Guaianá people, whose feet touched the same ground, well before the 16th century, whose adventure left only the soul of the name: Ibirapuera. The old sacred trees. From the ancient green. We were going to dance in that place, centuries after the Guaianás had disappeared. Decades after the

cidade de São Paulo, a Casa do Índio, para receber várias nações indígenas de diversas regiões do país que necessitassem de tratamento médico das doenças causadas pelos males da civilização, como gripe, resfriado, pneumonia, sarampo, eczemas e febres. Como a Fundação não pagava o aluguel do espaço que abrigava semanalmente parentes xavantes, pataxós, yanomamis, terenas, kaigangs, suruís, kadiweus e estavam próximos de ser despejados, iríamos dançar ali para chamar a atenção de autoridades e entidades governamentais para que vissem o ponto a que chegou a relação dos jaguares da chamada civilização com as nações indígenas. Após orar pelo povo do lugar, pelas divindades do lugar e pelos seres do ar, da terra, da água e do fogo, iniciamos. Repórteres vieram cobrir a dança. Era, no calendário das comemorações, o Dia do Índio de 1992. Nessa época eu já queria deixar de ser um memboktire, como dizia a Vó – um aspirante a guerreiro – para ser um menononure – um jovem guerreiro. Por isso também encarava o ato como uma prova. Batia com força os passos txukarramãe. Cantamos à terra. Cantamos pela saúde e pelo respeito aos povos da floresta. Um espírito Tamãi procurou incorporar-se em uma fotógrafa que fazia a reportagem da manifestação. Ela tonteou, cambaleou, rodou mas não permitiu ser mensageira. Uma senhora que por ali passava e começou a assistir, girou e deixou-se girar. Aproximou-se de nós e falou:

– O que é sujo será limpo. Já é tempo de sol. Já é tempo de luz. A nação concedeu perdão. É preciso fazer a dança.

Olhava-me enquanto dizia. Ficou quieta por instantes, reverenciou um ecologista, a fotógrafa,

*National Indian Foundation established in the center of São Paulo the House of the Indian, to receive natives from several regions of the country who needed medical care, caused by the civilisations ills, such as the flu, colds, pneumonia, small pox, eczema and fevers. As the Foundation had no more means to pay for the rent of the house that weekly boarded Xavantes relatives, Pataxós, Yanomamis, Terenas, Kaingangs, Suruís, Kadiweus, and they were about to be driven out, we were going to dance there; to call the attention of the authorities and governmental groups, as to have them attest the present condition of the relation between the jaguars of the so-called civilisation and the indigenous nations. After praying for the people of the area, for the divinities of the area and for the beings of the air, the earth, water, the fire, we began. Reporters came to cover the dance. It was, in the calendar of celebrations, the Day of the Indian for 1992. At that time I no longer wanted to be a menboktire, as the grandmother had said – a warrior's candidate – but to be a menononure – a young warrior. For this, I also faced the act as a test.
I pounded the Txukarramãe steps. We sang to the Earth. We sang for health and respect for the forest people. A Tamãi spirit tried to incorporate in a photographer that made the coverage of the event. She went dizzy, tumbled, twirled, but didn't allow herself to be a messenger. A lady that was passing by and had stopped to watch, twirled and let herself twirl. She came closer and spoke:
"What is dirty shall be cleansed. It is time for the sun. It is time for the light. The nation has granted its pardon. It is necessary to make the dance."
She looked at me while she talked. She remained quiet for some moments, revered an ecologist, a*

depois abraçou-os.

– É chegado o tempo.

Quando se deu conta, estava conosco e não entendia o que fazia ali. Pediu desculpas, atravessou o local do ritual e foi-se.

O monumento pouco a pouco foi ficando só. Os ecologistas haviam colocado em volta mais de uma centena de cruzes representando o genocídio indígena. Ficou o silêncio das cruzes frente ao olhar extático da solidão dos dominadores petrificados. Deixamos o lugar nessa paz. O desejo pelo qual dançamos, luas depois cumpriu-se. A repórter fotográfica procurou-me depois várias vezes. Teve medo da sensação que sentira e queria compreender. Procurei explicar que existem pessoas que têm a sensibilidade para receber mensageiros ou instrutores de outros desdobramentos da existência. E que isso é natural.

– É só mais uma forma de comunicação, assim como o telefone ou o fax.

– Prefiro o telefone e o fax – disse-me.

– Às vezes, para transmissão de um conhecimento essencial, ou uma orientação, dentro da nossa tradição é preciso emprestar voz e corpo.

– Como é isso?

– Há rituais próprios de preparação para sintonia com espíritos mestres ou com seres encantados da natureza.

– Mas eu não sou da sua cultura. Nem acredito em espíritos.

– Pois então. Se o Tamãi procurasse alguém que acreditasse, para passar uma mensagem importante, talvez a mensagem não merecesse o devido crédito. É um sinal. Creio que a lição mais importante para você não foi a mensagem, mas a

photographer; after what she embraced them.

"The time has come."

When she came out of her trance, she was among us and didn't understand what she was doing there. She excused herself, crossed the ritual area and was gone. Little by little, the monument was left alone. The ecologists had circled it with over one hundred crosses representing the genocide of the indigenous people. There remained the silence of the crosses in front of the static look of solitude of the petrified dominators. We left the place immersed in that peace.

The purpose for which we danced was accomplished several moons after that day. The photograph reporter looked for me on several other occasions. She was afraid of the feelings she had then and wished to understand them. I tried to explain that there are people that posses the sensitivity to receive messages or guidance from other unfoldings of existence. And that this is natural.

"It is only one more way of communication, such as the telephone or the fax."

"I prefer the telephone and the fax," she said to me.

"Sometimes, for the transmission of an essential knowledge, a guidance, within our tradition, it is necessary to lend voice and body."

"How is this?"

"There are proper preparing rituals to attune with the master spirits, or with nature's enchanted beings."

"But I am not from your culture. Neither do I believe in spirits."

"So then, if the Tamãi looked for someone that believed to pass on an important message, maybe the message wouldn't deserve the due credit. It is a sign. I believe that the most important lesson to you

vivência. Para mim, no entanto foi a mensagem. De qualquer maneira, temos muito o que pensar sobre o ocorrido.
– Sim. Mas ainda continuo com medo.
– Você reparou como aquela senhora, que veio até nós, depois de dizer algo que ela mesma não sabia, foi tranquilamente embora?
– Sim. Mas aquela dança me arrepiou.
– A ela também. Mas não se preocupou com isso, simplesmente soltou-se à dança.

wasn't the message, but the experience. For me, however, it was the message. Anyway, we have much to think about what happened."
"Yes. But I am still afraid."
"Did you notice how that lady, the one that came to us, after saying something that she herself didn't understand, went away quietly?"
"Yes. But that dance made me shiver."
"So it did to her. But she didn't worry about it, she simply freed herself to the dance."

← Anhangabaú-Opá

Anhangabaú-Opá →

O Conselho da aldeia Morro da Saudade conseguira realizar os seus objetivos. Construiu com o apoio de uma fundação alemã e da prefeitura do município uma escola e um centro de cultura para o desenvolvimento de educação bicultural. Participei dos festejos de inauguração, em setembro, época do arapoty, o florescimento do começo. Segui, luas depois, um lampejo constante em mim. Ir ao norte, do começo de meu povo, de minha família. Achei que havia chegado o momento. Deram o nome desse lugar ao norte, no sentido do Rio São Francisco, de Campo Redondo. Quando cheguei, vi um povoado, sitiantes, gente que fazia rapadura da garapa da cana, requeijão. Cuidavam de si. Cuidavam do chão. E, quando perguntei, aos olhos daquele povo, qualquer indício de aldeia ali não era nem vaga idéia. Quanto mais eu andava, mais nada ia me restando. Só um vazio imenso cor de pastagem. Bois pastando e paisagem. Solidão cor de montanhas. Desisti de achar qualquer vestígio de alguma coisa antiga a mim num dia de entardecer alaranjado. Uma mulher de cabelos amarelecidos pelo século, que me deu estadia naquele lugar, trouxe algumas pedras de cristais e um cocar kamaiurá e me deu. Disse que se eu me deitasse e deixasse ela ordenar as pedras no meu corpo eu saberia o que precisava saber. Deitei. Trouxe um chá. Colocou os cristais à minha volta e alguns sobre meu corpo.

— Eles vão te aplumar. Depois a memória deles

The Counsel of Morro da Saudade village had reached its goals. With the support of a German foundation and the municipality, it built a schoolhouse and a cultural center for the bi-cultural educational development. I joined in the opening festivities in September, the time of the arapoty, the blossoming of the beginning. Moons after that day I followed a persistant flashing inside myself. To go North, towards the beginning of my people. I believed the time had come. This place to the North, in the direction of the São Francisco River was named Campo Redondo. When I arrived there, I saw people making brown sugar blocks, from sugar broth, and cream cheese. They took care of themselves. They took care of the soil. And, when I asked them about the village that once had been there, they had no remembrance of it. The more I walked, the less I was left with. Just a great emptiness with the colour of pasture. Cattle grazing and scenery. Solitude, the colour of mountains.

I abandoned the idea of finding any trace of anything old to me during an orange coloured sunset afternoon. A woman with her hair washed white by the century gave me boarding in that place, brought some crystal stones and a Kamaiurá cocar (head-dress) that she gave to me. She told me that if I lay down and let her arrange the stones upon my body, I would know what I needed to know. She brought some tea. She arranged the crystals around me and some upon my body.

iluminará a sua, para saber o que realmente precisa.

Com o tempo, senti meu corpo flutuar, estava mais tranquilo. Tive a impressão de ver uma enorme águia dourada. E uma voz, que era a minha mesma, de mim para mim, falava por dentro.

– Vá sobre o ninho dos jaguares do passado. O vale dos velhos anhans. Lá é o lugar da dança. O perdão dissipará os velhos anhans.

Foi vindo à minha cabeça muitas imagens e muitas canções, as quais ainda não me recordo. Mas levantei-me com a clara decisão do que tinha que fazer. Somente depois a velha senhora falou que sabia que tinha que me ajudar de alguma maneira e já me esperava com o cocar para presentear-me. Disse que eu iria usar só em uma ocasião muito importante. A volta à cidade de São Paulo foi uma longa dança que a vida me colocou em um tempo muito curto. E com muitas surpresas. Voltei para realizar o Anhangabaú-Opá, o fim do vale dos velhos anhans. E foi uma dança tão forte que vou contá-la passo a passo. Canto por canto. Ponto por ponto. Pôr os pés em terras de jaguares para esse bailado foi como uma grande prova.

"They will plume you. Afterwards their memory will illuminate yours, as to know what is really needed to know."

With time, I felt my body float, I felt more peace. I had the impression of seeing an enormous golden eagle. And a voice that was my own, from myself to myself, spoke inside.

"Go upon the nest of the jaguars of the past. The valley of the ancient anhans. There is the place of the dance. The forgiveness will dissipate the ancient anhans." Several images came to my mind and many songs, which I do not recall. But I stood up with the clear decision of what I had to do. Only then did the old woman mention that she knew that she had to help me in some way and had been waiting to give me the cocar. She said that I would use it only during one very important occasion. The return to the city of São Paulo was a long dance that destiny set in my life in a very short period. And with many surprises. I came back to perform the Anhangabaú-Opá, the end of the valley of the old anhans. And it was such a strong dance that I will tell it step by step. Song by song. Point by point. To put the feet in jaguar grounds for this dance was like a great test.

O passo do acaso
The step of fortune

Fui ver com Ryparidi, um amigo xavante, uma palestra de um terapeuta alemão sobre danças sagradas que ele que aprendera em uma comunidade escocesa chamada Findhorn. Ao final, ele fez uma demonstração de como os pescadores da Escócia dançam reverenciando as águas. Fiquei surpreso;

With Ryparidi, a Xavante friend, I went to a lecture by a German therapist on the sacred dances that he had learned in a Scottish community called Findhorn. At the end, he provided a demonstration on how the fishermen from Scotland dance, revering the waters. I was surprised they were the same movements of the

eram os mesmos movimentos da dança txukarramãe. Tentei comentar essa coincidência, mas o terapeuta se expressava por uma intérprete, que já não estava mais ali no momento. Percebi uma oportunidade quando uma brasileira pôs-se a conversar com ele no idioma inglês. Me apresentei a ela e pedi que lhe dissesse o quanto me surpreendi com a semelhança de nossas danças. Ela aceitou e iniciamos a conversa. O alemão também ficou surpreso, demonstrou grande respeito pelos povos indígenas. Quando ficamos eu e a intérprete, de nome Eloisa, que também se interessou pelo rápido diálogo, convidou-me para visitar um espaço cultural que mantinha, num lançamento de um livro de uma amiga sua.

– Quero que vá porque tenho uma pessoa, em especial, a quem quero apresentá-lo. Ela vai gostar de saber sobre danças indígenas. Pode-se dizer que é uma índia amiga perdida na cidade. É terapeuta muito curiosa. Assim como vocês, indígenas.

– Mas nós não somos assim tão curiosos.

– Então como é que você veio parar aqui?

Txukarramãe dance. I tried to comment about that coincidence, but the therapist was communicating through an interpreter, who wasn't by his side when I approached him. I noticed my opportunity when a Brazilian started to speak with him in English. I introduced myself to her and asked if she could tell him how surprised I was with the resemblance of our dances. She said yes and we started to talk. The German was also surprised, showing great respect for the indigenous people. Eloisa, the interpreter, became very interested in our quick dialogue and we both went on with our conversation; she then invited me to visit a cultural space that she maintained, during a friend's book launch.

"I want you to go since I have a very special person to whom I want to introduce you. She will like to know about indigenous dances. You may consider her an Indian friend lost in town. She is a therapist and a nosy person. Just like you, indigenous people."

"But we are not that curious."

"Then, how come you are here today?"

O passo dos ventos
The step of the wind

Era em Moema. Bairro das ruas cheias de almas de memórias dormindo pelos seus nomes. Memórias de muitos povos indígenas. Os nomes das almas guardavam-se nas placas. Moema, de acordo com um mito tupinambá, é a senhora da dor. Foi uma grande guerreira, uma tuíra-suan, encarregada por Tupã de zelar e manter a harmonia. Nos encontros do grande Conselho Tribal, ela ouvia e acatava as decisões dos sábios anciãos. Contudo, escutava

It was in Moema. A city neighbourhood with streets crowded with memory souls. Sleeping through their names. Memories of many indigenous people. The names of the souls were kept on street signs. Moema, according to a Tupinambá myth, was the lady of pain. She was a great warrior, a tuíra-suan, designed by Tupã to watch and maintain harmony. During the great meetings of the Tribe Counsel she listened to and accepted decisions of the wise

uma coisa no Opy sagrado e dizia outra entre a família. Sua língua e suas ações muitas vezes faziam o oposto do que seu coração falava. Quanto mais seu orientador espiritual a aconselhava, quanto mais o sábio Tamãi lhe apontava o caminho, mais ao oposto ela guiava-se. Passou a provocar discórdias gratuitas, que, com o tempo, dividiram a tribo. Sabia a arte de reverenciar as folhas, de orientar curas pelas ervas, raízes, frutos. Mas recusou-se, por vaidade, a seguir o seu caminho. Preferia tagarelar. Tupã, então, deu-lhe um desafio. Que ela fosse morar no meio da mata, distante da aldeia, só.

Até domar o senhor dos ventos. Se assim o fizesse, ganharia o grande adorno das mil plumas das guerreiras valorosas. Deu-lhe como companhia o papagaio, que repete tudo o que ela fala.

Até hoje Moema tenta reger os ventos. Muitas vezes a solidão lhe mostra a dor, então ela lamenta a sua sorte. Vive só. E a tribo nem lembra mais dela.

elders. However, she listened to one thing in the sacred Opy and said another among the family. Her tongue and actions frequently did the opposite of what was spoken by her heart. The more her spiritual counsellor counselled her, the more the wise Tamãi showed the way, in the opposite direction she went. She started provoking unreasonable misunderstandings that, through time, divided the tribe. She knew the art of revering leaves to cure through herbs, roots, fruits, but she refused, because of vanity, to follow her trail. She would rather chatter. Tupã, then, made her a challenge. For her to live in the middle of the forest, away from the village, alone. Until she could dominate the Lord of the Winds. If she did so, she would win the great thousand plumes dress of the valorous lady-warriors. As company, he gave her a parrot that repeated all that was said. Until this day, Moema is trying to command the winds. Often, solitude shows her pain and then she regrets her fate. She lives alone. And the tribe doesn't even remember her.

O passo do encontro
The step of the encounter

Havia uma moça bonita e gentil na entrada, que me encaminhou até o local onde encontrava-se Eloisa. Apresentou-me a alguns convidados. Um deles, de nome Ana Vitória, empresária de eventos esotéricos, queria saber o que fazia um índio na cidade. Disse-lhe que gostaria de fazer um ritual. Ela se interessou em ajudar.

– Pessoal, está aqui entre nós o índio Kaka Werá, que vai falar um pouco de sua cultura e ensinar uma dança.

There was, at the entrance, a young girl, pretty and gentle, who took me up to where Eloisa was. She introduced me to a few of her guests. One of them, whose name was Ana Victoria, an esoteric entrepreneur, wanted to know what an Indian was doing in town. I told her that I would like to perform a ritual. She mentioned her interest in helping. "Folks, there is among us an Indian, Kaka Werá, who will tell us a few things about his culture and

Era Eloisa. Fiquei sem ação, não estava preparado para dançar ou dizer qualquer coisa. Mas ela sorriu e me largou diante de todos os olhares da sala. Falei de meu povo e de como nós lidamos com a Mãe Terra. Mostrei alguns passos de louvação e agradecimento às divindades que dela cuidam. E começamos a dançar suavemente. Pareciam antigos guerreiros e guerreiras se confraternizando, os convidados gostaram e quiseram retribuir com um abraço.

Ana Vitória apresentou-me seu irmão, que integrava a ordem esotérica chamada Arco-Íris e que seguia a tradição inca. Ela disse que nessa Ordem recebiam ensinamentos de um antigo tupinambá, que viveu no Brasil há mais de quinhentos anos antes de Cristo, chamado Sun-pan-an. Marcamos um encontro dentro do Arco-Íris.

Eloisa, por fim, apresentou-me à pessoa que prometera quando nos conhecemos, chamava-se Nilde. A moça bonita que me encaminhara na entrada era sua filha e tinha um belo nome indígena: Inaê.

– É um nome iorubá – disse Nilde.

– E o que lhe fez pôr nessa moça esse nome?

– Há muito tempo atrás fui ialorixá. Minha tradição espiritual vem dos povos afros e a língua é muito bonita, traduz mais nosso espírito.

Inaê nos trouxe alguns objetos tapuias e pôs-se a mostrar-me.

– Quando eu tinha o terreiro, havia um ser muito sábio que nos falava muita coisa de sua cultura. Muitas vezes ele disse do carinho que devemos ter pelos rios, pelo chão, pela Terra. É um tapuia. Se apresentava como o Lua.

– O Lua...

Para mim era uma descoberta saber que os Tamãi orientavam também os cidadãos da civilização.

teach us a dance."

Just like Eloisa. I stood dumb-struck. I wasn't prepared to dance or do any such thing. But she smiled at me and left me in front of all the stares in the room. I spoke about my people and how we dealt with Mother Earth. I showed some steps, for praise and thanks to the divinities that took care of her. And we started to dance smoothly. They looked like old warriors and lady-warriors befriending. The guests liked it and wished to reciprocate with an embrace. Ana Vitória introduced me to her brother, who integrated an esoteric order called Arco-Iris (Rainbow) which followed the Inca tradition. She said that in that order she received teachings from an old Tupinambá that lived in Brazil over five hundred years before Christ, called Sun-pan-an. We agreed to a meeting at the Rainbow. Eloisa finally introduced me to the person she had promised me she would; her name was Nilde. The pretty girl that led me from the entrance was her daughter and had a beautiful Indian name: Inaê.

"It is an Iorubá name," said Nilde.

"And what made you give this name to the girl?"

"A long time ago I was ialorixá. My spiritual tradition comes from the African people and the tribe tongue is very pretty, best translating our spirit." Inaê brought us some Tapuia objects and started to present them to me. "When I had the terreiro (yard), there was a very wise being that told us many things about his culture. Often, he mentioned the gentleness we must have towards the rivers, the soil, the Earth. He is a Tapuia. He introduced himself as Lua (Moon)."

"Lua..."

To me, it was a discovery to know that the Tamãi also guided the citizens of civilisation.

O passo do Arco-Íris
The Rainbow step

Na ordem do Arco-Íris conheci Roman Quetchua, parente peruano remanescente dos incas, um ser que carregava o sentimento das montanhas andinas em sua flauta, que me convidou a ouvir. Tinha nas mãos a habilidade da escultura milenar incaica.

– Os nossos símbolos contêm segredos cósmicos. Como artista, eu os reproduzo, para que o coração não esqueça de Papa-inti, o pai Sol, que nos ilumina. Mostrou-me uma tiara com desenhos – letras indecifráveis. Tive a mesma sensação quando, curumim, passeava os olhos pelas letras e sílabas, vendo riscos incompreensíveis, mas disposto a corrê-los. A tiara falava pelo seu relevo, pelo seus desenhos. Uma escrita silenciosa do espírito de um povo. Parecia dizer, pelo seu silêncio, do porquê de se reverenciar o Sol, o céu, o chão.

– Meu bisavô era um pajé das montanhas, um amauta. Na aldeia onde ele vivia, era destinado às mulheres tecer esses desenhos. Ao pajé cabia saber o mistério. A elas cabia perpetuá-lo na arte. Em um determinado tempo elas subiam as montanhas até uma caverna, ficavam recolhidas e, no escuro punham-se a confeccionar as tiaras. Sob a inspiração de um espírito guardião que habitava as cavernas. Depois entregavam ao pajé. Talvez, um dia, nós aprenderemos esse conhecimento que aqui está escrito. Esta tiara foi entregue ao meu bisavô, que entregou ao meu avô, que entregou a mim e que agora te presenteio.

Nos abraçamos. Então ele pegou a flauta que guarda a alma inca e tocou. O espírito andino entrava delicadamente no coração.

In the Order of the Rainbow, I met Roman Quetchua, Peruvian relative, an Inca remainder, a being that carried the Andean mountains in his flute and invited me to listen. His hands had the ancient Inca chiselling ability. "As an artist, I reproduce them, so that the heart will not forget Papa-Inti, the Sun father that shines upon us." He showed me a crown with some impenetrable drawings. I had the same sensation when I, curumim, looked at the letters and syllables; seeing inexplicable streaks but willing to run through them. The crown talked through its saliences, through its drawings. A silent drawing of a people's spirit. It may have been saying, by its silence, the reason to honour the Sun, the sky, the soil.

"My great-grandfather was a mountain pajé, an amauta; in the village where he lived it was the gift of the women to weave those drawings.

"To the pajé, it was determined to know the mystery; to them the task of perpetuating it. During some time, they went up the mountains, up to a cavern, remaining withdrawn and in the dark began to make these crowns. Under the inspiration of a guardian spirit that lived in these caverns. Afterwards, they would give them to the pajé.

"Maybe one day we shall learn their knowledge that is pictured here.

"This crown was given to my great-grandfather who gave it to my grandfather who gave it to me who now gives it to you."

We embraced. Then he took his flute that keeps the Inca soul, and played. The Andean spirit went delicately into the heart.

O passo de Sun-pan-an
The Sun-pan-an step

Em meio à presença da arte inca pela sala da Ordem do Arco-Íris, onde o sol habitava a parede, esculpido em cobre e desenhos lembravam pirâmides e frias montanhas, Ana Vitória me traz um café:

– Já esperávamos por você. Sun-pan-an disse que essa casa receberia um índio para um tarefa. Quando eu e meu irmão Lauro lhe encontramos no coquetel da Eloisa, deduzimos que seria você. A dança que participamos foi muito forte, contagiou a todos.

– Mas que tarefa é essa?

– Não sei. Ele só disse que deveríamos lhe dar total apoio. Também me surpreendi. Jamais esperaria aqui, no meio de São Paulo, ver surgir de repente, em um coquetel, um índio. Pelo que nós sabemos, teu povo hoje só existe lá pela Amazônia.

– Aqui nessa cidade existem ainda duas aldeias; ao norte, no Pico do Jaraguá. Ao sul, próximo à represa Billings. E no litoral há mais seis aldeias guaranis.

– E o que você faz aqui?

– Pretendo fazer um ritual. Uma dança. Meus ancestrais, que não estão mais presentes aqui no chão, querem perdoar os males causados por certa ignorância da chamada mentalidade civilizada. Pretendo trazer boa parte de meu povo para essa dança. Um dentista que apareceu na aldeia e que diz pertencer a uma entidade ecológica, conseguiu a liberação do vale do Anhangabaú para o ato, pois seu projeto, que se chama Bandeira da Vida, vai distribuir sementes de árvores e trazer crianças para

In the midst of the presence of the Inca art in the Rainbow Order room, where the sun lived in the wall, chiselled in copper, and drawings reminded of pyramids and cold mountains, Ana Vitória brought me a cup of coffee.

"We were expecting you. Sun-pan-an said that this house would receive an Indian for a task. When my brother Lauro and I met you at Eloisa's cocktail, we concluded that it had to be you. The dance we engaged in was very powerful, it was contagious to all."

"But what task is that?"

"I don't know. He only said that we should provide total support. I was surprised too. I would never have expected to meet, here in the middle of São Paulo, an Indian at a cocktail. From what we know about your people, today they only exist in the Amazon."

"Here, in this city, two settlements still exist; one to the North, in the Jaraguá peak, the other to the South, close by the Billings reservoir. And by the seacoast there are six more Guarani settlements."

"And you, what are you doing here?"

"I intend to perform a ritual. A dance. My ancestors, who are not present here in this ground, wish to forgive the ills caused by some kind of ignorance that comes from the so-called civilised mentality. I intend to bring a good part of my people to that dance. A dentist that appeared in the village and said that he belonged to an ecological group, managed to obtain permission for us to use the Anhangabaú valley for the act, as his project, which is called Bandeira da Vida (Life Flag) will distribute

fazer uma bandeira no vale; disse-me que não se importaria de ceder um espaço para que nós dançássemos.

– Bom, então precisamos criar condições para trazê-los. Acho que sei como ajudá-los.

O passo árabe
The Arab step

Fomos para a Câmara do Comércio e Indústria de São Paulo, onde fui apresentado para o senhor Eduardo Elchemer e ao babalorixá Cássio de Ogum.

– De que tribo você é? – perguntou o senhor Elchemer.

– Sou Txukarramãe, de um povo que habitava o norte, mas minha tribo foi destruída e criei-me entre os guaranis de São Paulo.

– E o que significa esse nome, posso saber?

– Sim. Guerreiro sem arma.

– Mas você fala bem o português.

– Foi necessário. Para sobreviver.

– Então já começamos com um ponto em comum. Sou árabe. Meu pai foi um sheik, mas que devido a guerras, imigrou para o Brasil. Para sobreviver, tivemos que aprender esta língua e cultura.

– É. Somos estrangeiros; a diferença é que sou considerado estrangeiro em meu próprio lugar e, quando me visto das roupas ditas civilizadas, não sou considerado dentro da cultura de meu povo, mas de acordo com a roupa que visto.

– Kaka Werá – iniciou o senhor Elchemer – eu sou um homem de setenta anos. Conquistei tudo o que um homem na vida precisa conquistar. Tive inúmeras propriedades. Ganhei, pela vida afora,

tree seeds and bring children to make a flag in the valley; he told me that he didn't mind giving some space for us to dance."

"Well, so what we need is to provide conditions to bring them. I believe I know how I can help you."

We went to the Câmara de Comércio e Indústria de São Paulo (Chamber of Commerce and Industry of São Paulo) where I was introduced to Mr. Eduardo Elcherner and to the babalorixá Cássio de Ogum.

"Which tribe are you from?" asked Mr. Elcherner.

"I am Txukarramãe, from a people that lived in the North, but my tribe was destroyed and I was raised by the Guaranis, in São Paulo."

"And what does this name mean, may I know?"

"Yes. Warrior without weapon."

"But you speak Portuguese well."

"It was necessary. To survive."

"Then we have started with a common point. I am Arab. My father was a Sheik, but due to wars, he immigrated to Brazil. To survive, we had to learn this language and culture."

"Yes. We are foreigners; the difference is that I am considered a stranger in my own place and, when I wear clothing called civilised, I am not considered within the culture of my people but in accordance with the clothing that I wear."

"Kaka Werá," began Mr. Elcherner, "I am a seventy year old man. I have conquered all that a man in his life needs to conquer. I had numerous properties. Throughout life I have won millions of dollars. I had

milhões de dólares. Tive todos os prazeres que o dinheiro pode comprar. Perdi quase toda minha fortuna nos cassinos de Las Vegas. Fui um perdulário. Neste prédio, este andar e o décimo terceiro são meus. Foi o que restou. Mas, do que fiz não me arrependo. Está feito. Sinto-me simplesmente o que viveu. A única coisa que me incomodou foi uma doença. Gastei milhões para curá-la e não curei. Gastei com médicos internacionais. Tenho uma filha que sempre se prontificou a me ajudar através de sua fé religiosa e eu neguei. Até que um dia, por não poder pagar mais as contas médicas, resolvi ceder aos apelos dela, que participa de um grupo esotérico de nome Ponte para a Liberdade. Fizeram então umas evocações e num espaço curtíssimo de tempo melhorei. Veja só você, gastei milhões e a solução estava dentro de minha casa. Não tem aquela anedota de pessoas que envelhecem e vão ficando burras? – Rimos. Sua secretária entrou e serviu-nos um café.

– Bom, acontece que eu quis retribuir de alguma forma pela cura e perguntei à minha filha se essa tal Ordem esotérica aceitava um donativo. Ela disse que não. Eu insisti em pagar. Veja só, Kaka Werá, eu sou um homem de negócios e para mim todo trabalho tem seu preço. Se paguei aos médicos que não me curaram, por que não haveria de pagar por esse trabalho de cura? Insisti. Dali um tempo minha filha me disse que haviam entrado em contato com um tal Conde de Saint Germain, conhece?

– Não.

– Parece-me que é o guru desse grupo. O tal conde pediu para que eu apoiasse um evento esotérico com meus recursos. Achei um absurdo, não é a minha área. Como já lhe disse, não sou dado a esoterismo,

all the pleasures that money can buy. I lost most of my fortune in the Las Vegas casinos. I was lavish. In this building, this floor and the thirteenth are mine. They are what is left. But of what I have done, I am not sorry. It is done. I am what I have been through. The only thing that bothered me was an illness. I spent millions trying to cure it and I didn't. I spent on international doctors. I have a daughter that has always been eager to help me through her religious faith and I refused it. Until one day, since I couldn't pay for my medical bills any longer, I decided to give in to her appeals. She belongs to an esoteric group called Ponte para a Liberdade (Bridge to Liberty). They made some invocations and within a very short period I felt better. Now listen, I spent millions and the solution was inside my home. Isn't there a joke that says that when people start getting of age, they start getting dumb?" We laughed. His secretary came in and served us coffee.

"Well, it happens that I wanted to reciprocate in some way for this cure and asked my daughter if that esoteric Order would accept a donation. She said no. I insisted on paying. Now look, Kaka Werá, I am a businessman, and for me all work has its price. If I paid the doctors that did not cure me, why shouldn't I pay for this work of healing? I insisted. After some time, my daughter said they had made contact with someone called Count Saint Germain, do you know about him? It seems he is the guru of this group. The said Count asked me to support an esoteric event with my resources. I thought this absurd, it is not my area. As I have told you, I am not given to esoteric ideas. I would rather have reasons. As I already knew Ana Vitória, who is an esoteric events entrepreneur, I asked her to help me.

prefiro um porquê. Como já conhecia Ana Vitória, que é empresária de eventos esotéricos, pedi o seu apoio. Mas eu não sabia que os índios participam de grupos esotéricos.

– Eu também não. Só vim para fazer um ritual no vale do Anhangabaú. Uma dança.

Ana Vitória intercedeu.

– É que a proposta de Kaka Werá diz respeito ao perdão e esse conde é o mestre do perdão. O povo dele vem enfrentando guerras e guerras desde a chegada dos colonizadores aqui; e ele diz que seus ancestrais concederam o perdão por toda destruição que fizeram.

– Ana Vitória – continuou o senhor Elchemer – eu não conheço nada da cultura indígena. Mas compreendo a intenção do ritual e acho louvável. Tenho sangue árabe nas veias, sei o que é guerra e morte. Estou de pleno acordo. É o preço que pedi. Esse escritório, os três telefones, a secretária e a minha influência entre os empresários e até os políticos estão à sua disposição. Use e abuse, Kaka Werá.

– Muito obrigado.

– Agora... preste atenção... aqui na sociedade, aos olhos dos homens, patrocinar estadia e alimentação para o seu povo que vem fazer o ritual, isso tem que ser colocado como um evento, compreende? Os políticos e os homens de negócios não estão interessados em rituais do perdão. Escute bem: eles estão interessados em gerar dividendos e boa imagem. Entende? Esse gesto seu, camuflado como evento desse ano, que é o Ano Internacional dos Povos Indígenas, cai bem como propaganda para algumas empresas que querem associar sua imagem a causas ecológicas. Está me entendendo? Por isso, deixe eu tratar com determinadas pessoas como um evento. E posso conseguir inclusive passagens aéreas

But I didn't know that Indians participated in esoteric groups."

"I didn't either. I am here only to perform a ritual in the Anhangabaú valley. A dance."

Ana Vitória intervened.

"It is just that Kaka Werá's proposal is related to forgiveness and Count St. Germain is the master of pardon. His people have been facing wars and wars since the coming here of colonials; and he says that his ancestors have granted the pardon for all the harm they have done."

"Ana Vitória," proceeded Mr. Elcherner, "I do not know anything about Indian culture. But I understand the intent of the ritual, I believe it commendable. I have Arab blood in my veins. I know what war and death are. I fully agree, it is the price. This office, its three telephone lines, my secretary and my influence among businessmen and even politicians are entirely at your disposal. Use them at your will, Kaka Werá."

"Thank you very much."

"Now, pay attention... here in this society, in the eyes of men, to be able to provide boarding and feeding to your people that are coming to perform the ritual, this has to be put as an event, do you understand? The politicians and the businessmen are not interested in rituals of pardon. Listen well: they are interested in generating bonus and good image. Do you understand? Your gesture, hidden with this year's event, which is the Indigenous People International Year, fits well as propaganda for some enterprises, which wish to associate their image with ecological movements. Do you understand me? That is why you must let me deal with certain people as an event. And I may also obtain the airfares to bring any tribe

para trazer qualquer tribo de qualquer parte do país, entendeu? Deixe-me ajudá-lo; você entende de índio, Ana Vitória de esoterismo e eu de negócios. Vamos trabalhar juntos neste ato.

Quando deixamos a reunião o ritual havia se transformado, para a linguagem da civilização, no evento 'Anhangabaú-Opá, o Fim do Vale dos Velhos Anhans', ou 'Anhangabaú-Opá, o Fim do Vale dos Velhos Demônios', e a rua 24 de Maio, no número 250, 2º andar, virara a sede da organização de tal atividade. O lugar, inclusive, ficava muito próximo ao vale. Essa sequência de 'coincidências' só me dizia que estava no cominho certo. E os passos para a dança continuaram.

from anywhere in the country, do you understand? Let me help you; you are knowledgeable about indigenous people, Ana Vitória about esoteric manners and I about business. Let us work together." When we left the meeting, the ritual had been translated into the language of civilisation, the event being called 'Anhangabaú-Opá, the End of the Valley of the Old Anhans' or 'Anhangabaú-Opá, the End of the Valley of the Old Demons', and the office at 24 de Maio St, number 250, 2nd floor, turned into the headquarters of the organisation of such activity. The place was also very close to the Valley. This sequence of 'coincidences' surely confirmed to me that I was on the right track. And the steps for the dance continued.

O passo afro
The Afro step

O babalorixá Cássio de Ogum havia demostrado interesse em participar dos rituais. Propôs, então, que se fizesse o que ficou conhecido como Tribunal de Xangô, o orixá da justiça, que significa o ato da misericórdia que se concede diante do reconhecimento da ignorância de tantas atitudes desastrosas do passado. Disse que precisaria reunir babalorixás de todas as linhagens, para que combinassem a forma desse ritual simbólico, mas profundamente significativo também para os seguidores das tradições africanas. Ana Vitória propôs, então, que toda manifestação religiosa ou cultural que quisesse realizar atividades simbólicas ligadas ao perdão pudesse participar com seus rituais próprios. Ela achava que muitos gostariam de colaborar e seguir o exemplo indígena.

The babalorixá Cássio de Ogun had shown interest in participating in the rituals. He suggested then that we do what came to be known as the Xangô Tribunal, the orixá of justice, which means the act of granting mercy, with the recognition of the ignorance of so many disastrous attitudes of the past. He said he would need to bring together babalorixás of all lineage, so as to agree to the form of this symbolic ritual but profoundly meaningful to the followers of African traditions too. Ana Vitória then proposed that all religious or cultural denominations that wished to perform symbolic activities related to pardon could be present with their own rituals. She felt that many would like to collaborate and follow the Indian example.

O contrapasso
The counter-step

Falei com o dentista da Bandeira da Vida que havia conseguido um bom apoio para trazer meus parentes que habitavam mais ao norte do país; principalmente a tribo de meu companheiro de luta Daniel Munduruku. Ele imediatamente se prontificou a participar, disse que era o fundador de uma entidade ligada ao xamanismo e tinha relações com tribos do exterior. Começou ampliando o tempo do tal 'evento', imaginou uma enorme pira no centro do vale, ervas aromáticas, estouro de rojões, convidaria artistas com músicas de nova era. Ele próprio soltaria seus dois cavalos e seus cães pelo vale.

– Mas o que significa tudo isso? – eu perguntei.

– Uma imensa dança. Um imenso perdão! Esse dia tem que ser bem marcante. Pois no dia seguinte São Paulo nunca mais será a mesma.

I spoke to the dentist of the Life Flag who had done a good job bringing back my relatives that lived in the North of the country, specially the tribe of my companion of struggles, Daniel Munduruku. He immediately made himself available to participate, said that he was the founder of a group related to xamanism, and had relations with foreign tribes. He started by increasing the schedule of the said event. He imagined an enormous pyre, in the center of the valley, aromatic herbs, firecrackers booming, and he would invite new age music artists. He proposed to free his two horses and his dogs through the valley.

"But what does this all mean?" I asked.

"One gigantic dance. One great pardon! This day must be well noticed. For, after this day, São Paulo will never be the same!"

O giro da dança
The dance twirl

A Casa do Índio estava em estado de calamidade; o NAE, nosso movimento indígena de solidariedade, embora tivesse conseguido prorrogar o prazo do despejo, não conseguiu fazer com que a Funai regularizasse a alimentação e as condições miseráveis de hospedagem em que meus parentes ficavam. Ana Vitória cedeu seu escritório ao NAE para que pudéssemos viabilizar soluções. Ela mesma entrou na batalha. A tribo passava fome. Ela lembrou que fizera uma vez uma campanha de arrecadação de alimentos no Ceasa. Uma amiga sua, esotérica, de nome Beth,

The House of the Indian was in a state of calamity. The NAE, our indigenous movement of solidarity, while having managed to extend the eviction notice, had not obtained from Funai the feeding and boarding conditions. The conditions of where my relatives stayed were miserable. Ana Vitória made her office at the NAE available so that we could provide for solutions. She herself joined in the struggle. The tribe was hungry. She remembered that once she had organised a food donation campaign at Ceasa (the Central Market). A friend of hers, esoteric, whose

se predispôs a nos levar até lá. Teríamos que ir de madrugada para conseguir doações. E fomos. Rodamos em várias seções: hortaliças, frutas, legumes. E não conseguimos nada. Acabamos na seção de frutos do mar. Havia um grande movimento de caminhões descarregando peixes, levando-os para um enorme galpão. Beth enveredou pelo galpão adentro, conversou com um senhor que parecia ser o dono ou responsável por aquele setor e este acabou por doar algumas caixas de peixes. Era muito peixe! Lembrei-me da época em que vivi no sul e de como os pescadores agradeciam à grande Senhora dos Mares; intimamente agradeci. Prometi uma dança em seu louvor, ao nosso modo. Ana Vitória também não se conteve de tão contente, pois tínhamos andado por todas as seções e parecia que não íamos conseguir nada. Ela nos olhou e disse:
– Veja só, Beth, descobrimos o segredo de Cristo, realizamos o milagre da multiplicação dos peixes!

name was Beth, offered to take us there. We would have to go by dawn in order to obtain these donations. And so we went. We went through several sections: vegetables, fruits, greens... And we got nothing. We ended at the seafood section. There was a large number of trucks moving around, unloading fish and taking them to a very large shelter. Beth went into that shelter and spoke to a man who looked like the owner or the person in charge of that area, and who offered us some boxes of fish. It was a lot of fish! I remembered the time when I lived in the South and how the fishermen thanked the Lady of the Seas; inside myself I gave her thanks and promised a dance in her praise, our style. Ana Vitória also lost her poise, being so happy, for we had walked through all the sections and it had looked as if we weren't going to get anything. She looked at us and said: "Look, Beth, we discovered Christ's secret, we have performed the fish multiplication!"

O passo do Ion Kippur
The Ion Kippur step

As ações do NAE pelos nossos parentes, que vinham à cidade de São Paulo para tratamento médico e acabavam em situações subumanas, levaram-me a conhecer um repórter judeu em um programa de televisão chamado Roda Viva, de nome Marcos Faermam, que já fazia décadas abraçara a luta, através do seu instrumento – o jornal – pelas causas das chamadas minorias étnicas. Nos tornamos amigos. Descobri que era um poeta disfarçado de jornalista. E sua poesia já estava de cabelos brancos e enxergava a vida por um olho, o da sabedoria. Mas

The actions of the NAE towards our relatives that were coming to the city of São Paulo for medical treatment and ended up in sub-human conditions, took me to meet a Jewish reporter in a television program called Roda Viva (Live Wheel) whose name was Marcos Faerman, that had embraced that struggle decades ago, using the tool he had – the newspaper – in favour of the so called ethnic minorities. We became friends. I found out that he was a poet hidden within a journalist. His poetry already had white hair and saw life through a single eye, the one of wisdom. But

ensinou com era o movimento duro do coração da cidade. Fez das palavras escritas gotas que, vinte e quatro horas por dia durante décadas, batem nas pedras da civilização procurando umedecer as paredes da hipocrisia humana. Procurei-o para que me ajudasse, convidando um pajé da comunidade judaica para a dança. Imediatamente prontificou-se. Nesse dia estava consigo um companheiro de seu trabalho, da revista Shalon, de nome Júlio Sanz, que me perguntou quando aconteceriam os rituais.

– Vinte e cinco de setembro. No vale do Anhangabaú.

– O quê? Vocês farão ritual do perdão nesse dia?

– Sim.

– Esse dia, dentro da tradição judaica, cai exatamente, no Ion Kippur, o nosso dia do perdão. Não só um pajé judaico apoiaria, como toda a comunidade, que milenarmente realiza rituais com esse fim. Gostei da coincidência: o que para nós era o Arapoty, para os judeus sempre fora o Ion Kippur.

he taught me about the hard beat of the town's heart. He made drops from written words that, twenty four hours a day, during decades, beat the stones of civilisation, trying to wet the walls of human hypocrisy. I turned to him for help, inviting a pajé from the Jewish community to the dance. He immediately made himself available. On that day, one of his work companions by the name of Júlio Sanz was with him and asked me when the rituals would take place.

"Twenty fifth of September, in the Anhangabaú Valley."

"What? Are you performing the pardon ritual on that day?"

"Yes."

"That day, in the Jewish tradition, matches exactly the Ion Kippur, our day of forgiveness!"

Not only a Jewish pajé would provide support, but also the whole community, that through ages had celebrated rituals with that purpose. I liked the coincidence: what for all of us was the Arapoty, for the Jews it had always been the Ion Kippur.

O descompasso
The overstepping

Apareceu uma advogada, munida de um contrato. Um documento intitulado: Projeto Anhangabaú-Opá. O Autor: doutor Ulisses Freitas, o dentista. Pedia que o senhor Eduardo Elchemer, da Câmara do Comércio e Indústria de São Paulo, assinasse. Era um compromisso de que à Câmara caberia gerar recursos financeiros para o evento de vinte e quatro horas: desde pagamento de artistas até estruturas para todos os acontecimentos, como para a fundação de uma entidade indígena-xamânica que ele, o odontologista, coordenava, de nome Hawika

A lawyer appeared, provided us with a contract. A document entitled 'Anhangabaú-Opá Project'. The Author: Doctor Ulisses Freitas, the dentist. In that document, he asked Mr. Eduardo Alcherner, of the Industry and Commerce Chamber of São Paulo, to sign it. It stated that the Chamber would commit itself to manage the financial resources for the twenty four hours event: from the payment of the artists to the structure for all the happenings, as well as for the foundation of an indigenous-xamanic group which he, the dentist, would co-ordinate, under the name of

Foundation, destinada à defesa ecológica. O contrato reservava uma participação nos lucros gerados pelo evento a mim, um quinto; e a Ana Vitória caberia uma participação ainda menor.

O senhor Elchemer, velho jogador de pôquer dos cassinos de Las Vegas, convocou uma reunião com a participação de todos; uma vez que a representante da justiça civilizada queria que assinassem a sós. E nesse encontro o dentista mostrou seu verdadeiro sorriso. Disse que aquilo era só um 'pro forma', uma maneira de garantir o andamento do evento juridicamente e defender seu amigo índio. Explicou que a 'linguagem jurídica' do contrato requeria esses termos. Nervosamente, convidei-o a se retirar do 'evento', mas ele disse que não o faria. Iria até o fim. Pois a data e o local eram para uma atividade sua, conforme figurava na Secretaria Municipal de Cultura.

Hawika Foundation, with the purpose of ecological defence. The contract reserved a fifth of the benefits generated during the event to me, and to Ana Vitória, an even smaller share.

Mr. Elcherner, an old Las Vegas casino poker player, called us all for a meeting, considering that the representative of the civilised justice was requiring him to sign alone. And, during that encounter, the dentist showed his true smile. He said that this was just a 'pro forma' document, a manner to fully ensure lawfully the execution of the event, as to protect his Indian friend. He explained that the 'legal language' of the contract required these terms. Nervously I invited him to leave the event, but he said he wouldn't do it. He would go to the end. For the date and place of the event were his achievement, as scheduled in the Municipal Culture Bureau.

Um passo atrás, dois passos à frente
One step backward, two steps forward

Preocupado com o andamento do Anhangabaú-Opá pedi para falar com Sun-pan-an. O sacerdote da Ordem do Arco-Íris preparou-se. Dentro da tradição inca, vestiu a túnica branca. Entoou milenar invocação. Reverenciou a Luz Divina. Ana Vitória trouxe rosas brancas. E Sun-pan-an veio. Sentei-me no chão, ao seu lado, ele pôs a mão na minha cabeça:

– O que você hoje chama de nações, já foi uma só. Uma família.

Quando sua mão recostou sobre a minha cabeça, fiquei emocionado. Suas palavras me enchiam por dentro. Um tom de vaga memória. Uma lágrima

Worried about the proceedings of the Anhangabaú-Opá, I asked to speak with Sun-pan-an. The priest from the Rainbow Order got dressed. According to the Inca tradition, he wore the white tunic. He intoned an ancient invocation. He revered the Divine Light. Ana Vitória brought white roses. And Sun-pan-an came. I sat on the ground, by his side, he put his hand on my head.

"What you call today nations, used to be one. A family."

When his hand reclined upon my head, I was moved. His words filled me inside. A tone of vague memory. A tear ran down my face.

correu pela minha face.

– Fique tranquilo. A sua família está em paz na Terra Sem Males.

Forçosamente consegui dizer:

– Estou preocupado com essa tarefa.

– Você permitiu que forças contrárias entrassem. Vão fazer de tudo para não haver esse ato. Deu um passo para trás, agora esteja atento. Dê dois passos à frente. A prova é sua.

Pegou uma rosa branca e me deu. Respiramos um pouco em silêncio.

– Filho, o espírito da Terra vai falar pela sua boca.

– C... c... como? Por quê?

Houve um silêncio.

– Aja com o coração.

As lágrimas desciam-me. A rosa exalava sua branca paz. Cada vez mais entendia menos.

"Calm down. Your family is at peace in the Land Without Illnesses."

I forced myself to say:

"I am worried about this task."

"You allowed opposing forces to enter. They will do everything to bust the event. You took a step backwards. Now, pay attention. Take two steps forward. The challenge is yours."

He took a white rose and gave it to me. We breathed a little in silence.

"Son, the spirit of the Earth will speak through your mouth."

"H... H... How come? Why?"

There was silence.

"Act from your heart."

Tears ran down my face. The rose exhaled its white peace. More and more I understood less.

O passo da luta

The step of the struggle

A partir daquele gesto do dentista passou a haver uma batalha. De um lado a idéia de tornar o vale do Anhangabaú num palco de um mega-evento exótico sob a direção do doutor Ulisses. Que via um enorme lucro na empreitada. E que não só entusiasmava e seduzia a si mesmo, como usava dessa sedução para atrair a atenção e formar um exército ao seu lado. Prometia dinheiro. O babalorixá Cássio de Ogum encantou-se. E muitos dos que, dentro da tradição iorubá, respondiam pelos orixás ficaram confusos. Do outro lado um txukarramãe, um munduruku, um quetchua, um guarani e a Ordem do Arco-Íris querendo continuar a trajetória inicial.

Since the dentist's attitude, a struggle had begun. On one side, the idea of turning the Anhangabaú Valley into an exotic mega event stage, under the direction of doctor Ulisses, who saw an enormous profit from the enterprise. Not only did he stimulate and seduce himself, as he also used that seduction to attract the attention and form an army by his side. He promised money. The babalorixá Cássio de Ogun was enchanted. And many of those that within the Iorubá tradition answered for the orixás were confused. On the other side, a Txukarramãe, a Munduruku, a Quetchua, a Guarani and the Rainbow Order, wishing to continue the initial

Foram muitas discussões, raivas, mágoas colocadas à mesa. Na mesma mesa da conversa inicial com Eduardo Elchemer. Eu não conseguia conceber a tarefa com a presença daquele indivíduo. Num dado momento, o senhor Elchemer me disse a palavra-chave para seguirmos adiante:

– Calma, os podres destroem-se a si mesmos. Simplesmente interrompemos o conflito. Deixamos que ele usasse toda a estrutura da Câmara do Comércio para reuniões e contatos com possíveis patrocinadores. O senhor Elchemer parou de fazer os seu encontros. Eu parei de exigir que se retirasse do evento.

– Vamos ver até onde ele vai – dizia o senhor Elchemer.

trajectory. There were many discussions, rages and sorrows set on the table. At the same table of the first meeting with Eduardo Elcherner.

I couldn't conceive a task with the presence of that person. In a certain moment, Mr. Elcherner told me the key word for us to follow ahead:

"Easy, the rotten ones destroy themselves."

We simply interrupted the conflict. We let him use the whole structure of the Chamber of Commerce for all meetings and contacts with possible sponsors.

Mr. Elcherner stopped organising his meetings.

I stopped requiring that he withdrew from the event.

"Let us see where he will get to," said Mr. Elcherner.

O passo do Brasil
The Brazilian step

Em meio a essa batalha, não de resistência indígena, mas de insistência em um ato de perdão, parentes e lideranças de outras tribos espalhadas pelo país por vezes comunicavam os conflitos armados em terras do Mato Grosso, da Bahia, do Paraná, do Pará; pelos mesmos motivos do passado: pose de território, ouro, exploração de maneira indiscriminada das reservas naturais. E ainda assim, enquanto os Ancestrais, os Tamãi, os que ganharam a sabedoria procuravam manifestar concedendo perdão por atos passados, surgiam pessoas querendo, inclusive esses gestos, tornar fonte de lucro. A minha cabeça parecia um turbilhão de questões. Eu olhava para aquele sujeito que em um belo dia de sol chegou na aldeia Morro da Saudade, com uma maleta branca marcada pelo símbolo vermelho da cruz, significando caixa de primeiros socorros, e, apresentando-se, foi logo

In the middle of this struggle, not of indigenous resistance but of the insistence of an act of pardon, relatives and leaderships from other tribes spread throughout the country, sometimes communicated the armed conflicts in lands of the States of Mato Grosso, Bahia, Paraná and Pará for the same reasons: land ownership, gold, indiscriminate exploitation of natural reserves. And yet, while the Ancestors, the Tamãi, the ones that earned wisdom, tried to manifest granting pardon for past attitudes, there appeared people who wanted, through these same attitudes, to use it as a source of profit. My mind whirled questions. I looked at that person, who on a beautiful sunshine day had come to the Morro da Saudade village with a small white suitcase stamped with the Red Cross symbol, representing a first-aid box, and, introducing himself, started at once to take care of teeth fillings and

cuidando de obturações, orientações sobre higiene bucal, remédios. Sem pedir absolutamente nada. E parecia feliz em exercer sua profissão ali. A comunidade guarani nas tardes dos cantos sagrados agradecia com a própria música, a própria dança, a Nanderu Papa Tenondé – o Pai que Abraça a Criação – por ter feito surgir assim um cidadão de espírito lúcido. Eu olhava e não sabia o que sentia. Se dó. Se mágoa. Se pena. Se raiva.

provided orientation on oral hygiene, medicines. Without ever asking absolutely anything in return. And he looked happy to practice his trade over there. The Guarani community, in the sacred singing afternoons, thanked him with their own music, their own dance, the Nanderú Papa Tenondé – the Father that Embraces Creation – for making appear such an individual with a clear spirit. I looked and didn't know what I felt. If pity. If grief. If sorrow. If rage.

O passo do guerreiro
The warrior step

Em Krukutu, numa dessas noites antigas e douradas ao pé do fogo, havia procurado Tiramãe Tujá para pedir orientação. Ele comentou que tínhamos, nós dois, que ouvir os Ancestrais. Fomos pedir licença ao guerreiro encantado, o invisível, guardião das folhas, para que dispusesse a nós as ervas que soltassem o espírito do Conhecimento e da Sabedoria dos Tamãi. Pela fala que habita o coração. Bebemos o chá das ervas. E sobre sua cabeça iluminou um imenso cocar multicolorido, enquanto tranquilamente seu coração dizia:
– Esse povo ao qual vieste a nascer é só a imagem desmanchada dos que se recusaram a atravessar o grande mar. É só a derradeira imagem dos que grudaram a música na miragem da existência. Tupã teceu do seu petenguá guerreiros de verdadeiros corpos, de verdadeira pureza, de valoroso coração. A estes essa terra não cabe: os que aqui vêm, têm que atravessar novamente o grande mar das provas, para se limpar da imperfeição. Para vencer os últimos jaguares; para superar a má bruma que cega. O verdadeiro corpo que habita a linguagem pronunciada

*In Krukutu, in one of those ancient and golden nights, by the fireside, I had searched for Tiramáe-Tujá for counselling. He mentioned that both of us had to listen to the Ancestors. We went to ask permission from the enchanted warrior, the invisible, the guardian of foliage, so that he would make ready for us the herbs that would free the spirit of Knowledge and of Wisdom of the Tamãi. Through the speech that lives in the heart. We drank the tea of herbs. And upon his head, a giant multicoloured cocar lit up, while his heart said quietly:
"That people to which you were born are only the undone image of those who refused to cross the great sea. It is only the last image of those who bound the music in the mirage of existence. Tupã wove from his petenguá warriors with real bodies, true purity and brave hearts. To these, Earth does not belong: the ones that come here have to cross again the sea of challenges to be cleansed from imperfection. To beat the last jaguars, to overcome the bad mist that blinds. The true body that lives in the language spoken by*

por Tupã, desde seu primeiro som de vida. O verso primeiro. Esses guerreiros verdadeiros, os que atravessaram o grande mar, os coroados de belas plumas, avisam a ti e a todos que se beneficiam do pai Sol que só fazendo a dança que se perdoa, que se vê a si mesmo, a sua ignorância primeira, que é a de olhar imperfeição do outro para ocultar a própria; quando se vê, a si, com os olhos da águia, é possível aos filhos do Sol retomar o caminho. Aqui de onde estamos, dentro do coração, somos guardiões da Mãe Terra. Que já não suporta tanta ignorância. Sua pele haverá de se arrepiar e sacudir o mal, seu ventre haverá de vomitar. E nós estamos aqui, somente pelo Mboraí, o Grande Amor, dispostos a ajudar a esses que se dizem civilizados. Escreva. É chegado o tempo. Os grandes tupis retornam à Terra. As velhas almas, as palavras primeiras, retornam à Terra. As velhas almas, as palavras primeiras, retornam para semear esse chão da antiga sabedoria que os tempos guardaram na secreta memória da Terra. A sabedoria desses povos primeiros, os que se adornam com o arco-íris, é necessária para a sobrevivência da Mãe. Da grande provedora. Embora semente, és uma alma velha; espalhe nossas palavras assim como em outros cantos parentes de antiga linguagem estão semeando pela luta, o ato da vida. Escreva o que já está escrito; é chegado o tempo.

Tupã since its first sound of life. The original verse. These true warriors, the ones that crossed the great sea, the ones crowned with the beautiful plumes, warn you and all others that benefit from father Sun, that only by doing the dance of forgiveness can he see himself, his primary ignorance which is that of looking to the other's imperfection, so as to hide his own; when one sees himself with the eyes of an eagle, it is possible to the sons of the Sun to take the trail again. Here, from where we are, inside the heart, we are the guardians of Mother Earth, that cannot bear so much ignorance. Her skin will shiver and shake off evil, her womb will vomit. And we are here, solely for the Mborai, the Great Love, willing to help those who say they are civilised. Write down. The time has come. The great Tupis will take the Earth over again. The old souls, the first words, are returning to the Earth. The old souls, the first words, return to seed this ground of the ancient wisdom that the times have kept in the secret memory of Earth. The wisdom of these first people, the ones that attire themselves with the rainbow, is necessary for the survival of the Mother, of the great provider. Though seed, you are an old soul; spread our words the same way as, in other distant places, relatives of the ancient lineage are seeding the struggle, the act of life. Write down what is already written: the time has come."

O descompasso do Brasil
Brazil's overstep

De repente explode entre nós a notícia. Um grupo de garimpeiros invade, ao norte do país, a área destinada aos yanomamis. Liguei para Claudia Andujar, antropóloga que há mais de vinte anos representa a expressão desse povo na luta pela preservação de sua cultura. Ela havia marcado uma reunião com as mais diversas entidades ecológicas e indígenas para tomarem ações referentes ao caso. Havia, após a ato da invasão, mais de trezentos yanomamis mortos. Muitas crianças. Mulheres. Jovens. Indignado, pintei-me de luto. Percebi que a indignação estava presente nas mais diferentes faces e tradições da cultura brasileira: representantes católicos, negros, evangélicos, ecologistas, indigenistas, judeus. Logo estabeleceu-se uma comissão que veio a organizar um ato na Catedral da Sé, clamando justiça e paz. Enquanto isso, o noticiário confundia. Os anguery, ladrões de alma, trabalhavam para a confusão. No primeiro dia falavam em mais de duzentos yanomamis mortos no extremo norte do país; na aldeia Haximu. No segundo dia noticiou-se que não havia tantos mortos assim. No terceiro dia, não havia morrido quase ninguém. No quarto dia colocaram um inglês antropólogo para traduzir um yanomami que disse em bom português que o yanomami disse que não houve o que houve dias atrás. No quinto dia, o noticiário mudou Haximu de lugar, já não ficava no Brasil, mas na Venezuela. No sexto dia colocaram tropas norte-americanas na Venezuela que por acaso mataram alguns yanomamis. No sétimo dia, o deus global descansou. Fantástico, o show da vida.

Suddenly, the news exploded among us. A group of prospectors invades, in the North of the country, the area provided for the Yanomamis. I phoned Claudia Andujar, an anthropologist that for over twenty years has represented the expression of the struggle of that people for the preservation of their culture. She had made an appointment with several ecological and indigenous groups, to take the necessary actions. There were, after the invasion, over three hundred dead Yanomamis. Many were children. Women. Youngsters. Full of indignation, I painted myself in mourning. I perceived that same indignation present in the different faces and traditions of the Brazilian culture: Catholic representatives, blacks, evangelists, ecologists, Indians, Jews. Soon, a commission was established that organised an act at the Sé Cathedral claiming for justice and peace. While this happened, the news was confusing. The anguerys, soul robbers, were working for the confusion. The first day they mentioned over two hundred dead Yanomamis in the extreme North of the country, in the Haximu village. On the second day, the news said there weren't so many dead. On the third day, almost no one had died. On the fourth they put an English anthropologist to translate one Yanomami, who said in very good Portuguese that the Yanomami said that what had happened a few days ago, hadn't actually happened. On the fifth day, the news changed Haximu's address: it wasn't located in Brazil, but in Venezuela. On the sixth day, American troops were put in Venezuela and by chance had killed a few Yanomamis. On the seventh day, the global god rested. Fantastic, the show of life.

A primeira missa do Brasill
The first mass in Brazil

Os mbaracás dos cantos sagrados foram entoar na Catedral da Sé o pedido de justiça. Os sagrados cantos incas da flauta de meu amigo Roman Quetchua também foram. O pajé rabino Henry Sobel também. Os pajés d. Paulo Evaristo Arns e d. Luciano. Os franciscanos, os evangélicos e os anglicanos. Os orixás e seus axés. A Ordem do Arco-Íris com seus amautas. Uns levaram bíblias, outros flautas. Sun-pan-an pediu para que eu levasse flechas. E rosas. E pela primeira vez, sem distinção de raça, cor, credo, religião, assim como diz a Constituição, foi rezada a primeira missa brasileira. Fiz a pintura de luto. Coloquei o cocar Kamaiurá que ganhara de uma senhora que nem me conhecia quando fui a Minas. Foi dado início à missa com mais de três mil pessoas presentes, com d. Paulo abrindo o ritual católico. Em seguida o pajé Jequaka entoou a reza e vibrou o mbaracá. Pediram para que, como membro da comissão desse ato, eu me manifestasse, e me apresentei:
– Eu sou Kaka Werá Jecupé. Um Txukarramãe. Um guerreiro sem armas. Nós das nações indígenas, somos os guardiães da Terra. Anos atrás, minha tribo foi dizimada por seres em busca de ouro e território. Restou eu e minha avó. E durante todo esse tempo tem havido em muitos lugares do país gestos iguais a este. E mesmo além de meu povo, além desses tempos, muitos outros foram dizimados. Se nós fôssemos responder com a mesma ignorância, a Terra não existiria mais. Os chamados conquistadores exterminaram incas, escravizaram negros e produziram holocaustos. A

The Mbaracás of the sacred songs were intoned in the Sé Cathedral, the demand for justice. The sacred Inca songs, from my friend Roman Quetchua's flute, were also there. The Rabbi, pajé Henry Sobel also. The pajé Dom Paulo Evaristo Arns and Dom Luciano; the Franciscans, the Evangelists and the Anglicans. The Orixás and their axés. The Order of the Rainbow with its heralds. Some took the Bible, others flutes. Sun-pan-an asked me to bring arrows and roses. And for the first time, without distinction of race, colour, belief or religion, as states the Constitution, the first Brazilian mass was performed.
I put on my mourning paint. I put on the Kamaiurá cocar that was given to me by a woman who didn't even know me, when I went to Minas. The mass began with the presence of over three thousand people, Dom Paulo opening the ceremony with the Catholic ritual, followed by the pajé Jeguaká, who intoned the prayer and vibrated the mbaracá. They asked me, as a member of the commission of this act, to speak. I introduced myself.
"I am Kaka Werá Jecupé. A Txukarramãe. A warrior without weapons. We, from the indigenous nations, are the guardians of the Earth. Years ago, my tribe was exterminated by beings looking for gold and territory. My grandmother and I were all that was left. During all that time there have been in many places of the country, the same attitudes as that one. And besides my people, not only during those days, many others have been exterminated. If we were to answer with the same ignorance, this Earth would exist no more. The so-called conquerors exterminated the Incas, enslaved Negroes and produced holocausts. The Great Mother

Grande Mãe recebe nossos atos diretamente no ventre e nunca deixou de gerar recursos: seja para o prédio que a civilização constrói, a tecnologia que fabrica ou a oca que nós fazemos. A Grande Mãe sente a civilização pisando sobre ela. Um índio não pisa na terra. Um índio toca a terra. Um índio dança sobre o chão agradecendo a todos os seres da terra, da água, do ar e do fogo. Um Txukarramãe faz a dança da vida unindo o pé do real e o pé do sonho na mesma direção, no caminho do sol. Para um Txukarramãe, as más pegadas, uma vez feitas, não são más pegadas, quando deixam vestígios, deixam lições. As boas, norteiam. A sociedade chamada civilizada se acha tão inteligente e repete milenarmente seus piores passos, suas piores danças. Chega de ignorância! Chega de holocaustos! Chega de massacres!

Fui jogando as flechas no chão. Sobrou-me as brancas rosas. Fui em direção a d. Paulo Evaristo Arns e entreguei-lhe uma. Depois olhei para o rabino Sobel, estava emocionado, dei-lhe outra. E uma a d. Luciano, aos evangélicos e aos anglicanos. A última lancei ao público. Todos esses gestos não sabia de onde vinham, mas eram como se fossem combinados. Na verdade, diante de todos, nós só queríamos paz.

receives your acts directly in the womb but never stopped generating resources: be they for the buildings that civilisation builds, the technology that manufactures or the oca that we build. The Great Mother feels civilisation stepping on her. An Indian doesn't step on the ground. An Indian touches the ground. An Indian dances on the ground thanking all the beings of the earth, the water, the air and the fire. A Txukarramãe dances the dance of life, joining the foot of the real with the foot of the dream, in the same direction, in the trail of the sun. For a Txukarramãe, the bad footprints, once down, aren't bad footprints any more. When they leave traces, they leave lessons. The good ones guide. The so-called civilised society believes it is so intelligent and yet, repeats through the ages its worst steps, its worst dances. Enough of ignorance! Enough of holocausts! Enough of massacre!"

I was throwing the arrows on the ground. The white roses were left. I went towards Dom Paulo Evaristo Arns and gave him one. Then I looked at Rabbi Sobel, who was very moved, and I gave him another. And one to Dom Luciano, to the Evangelists, to the Anglicans. The last one I threw to the public. All those gestures, I didn't know where they came from, but it was as if they had been rehearsed. In truth, in front of all, we just wanted peace.

O ato da dança
The act of dance

Estávamos próximos à realização do ritual. O pouco tempo não permitia. Ana Vitória conseguiu a adesão de iogues, budistas, induístas, zen-budistas, cada qual a sua maneira, para rituais dedicados à Mãe Terra.

We were close to the performance of the ritual. The little time left didn't allow it. Ana Vitória managed to enroll Yogis, Buddhists, Induists, Zen Buddhists, each one according to his way, for the rituals dedicated to

Todos os perdões possíveis estavam representados. Ela fazia isso sempre com muito humor. No jornal, lemos que 'coincidentemente' um grupo de monges tibetanos ligados ao Dalai Lama realizaria danças sagradas no mesmo dia pela manhã, ali próximo, no Colégio São Bento. Tudo convergia para o vale dos velhos males. O ninho dos jaguares do passado. De alguma maneira, além de nós, os que estão acima planejaram uma grande purificação. Cada vez ficava mais claro que éramos uma peça, um pequeno gesto, de uma intenção maior. Enquanto isso o senhor Ulisses parecia frustrado em sua ambição. Não conseguira nada, em termos de dinheiro, porém provocou uma grande confusão. Muitas vezes, quando me sentia chateado por essas confusões, procurava a Nilde, que conheci no mesmo dia que a Ana Vitória, no seu consultório. Sempre a chamava para um café e púnhamos a conversa em dia. Num desses encontros, eu queria mudar os ânimos de todos os que iriam participar do ato e retomar o rumo, a intenção da primeira dança. Imaginei um coquetel onde traria convidados próximos e distantes, mas não havia tempo.

O senhor Elchemer dizia:

– É tarde para conseguir patrocínio de bebidas, convites, local.

Quando disse a Nilde, imediatamente deu a solução.

– Tem um paciente meu que é dono de uma empresa que promove coquetéis, posso falar com ele. Vai ser bom.

– Tive a intuição de que você vai conseguir modificar essa situação.

Em três tempos tínhamos local, convite e bebidas. No dia do coquetel de confraternização, foram desfeitos todos os nós de confusões. Os babalorixás entoaram cantigas de orixás e meus parentes

indígenas cantaram e tocaram. Foi em uma rua do centro da cidade próximo ao Metrô Paraíso, mas isso não impediu que um beija-flor entrasse às dez horas da noite e nos saudasse com seu canto por horas, na presença de mais de cem pessoas.

No dia 25 de setembro, na hora número zero, debaixo de uma fina garoa, cheguei com mais vinte guaranis da aldeia do Pico do Jaraguá e iniciamos um jeroky em meio ao Vale do Anhangabaú. O canto nandeva ecoava:

Tupã Papa Tenondé,
você fez com que de novo me erguesse.
Da mesma forma, você fez com que os Jeguaka,
os completamente coroados de plumas, também se erguessem.
E quanto a todos aqueles a quem tu, pai que abraça a criação,
não proveu do jeguaka,
você também faz com que eles se ergam em sua totalidade.

Pois, na verdade, sabemos que existimos de natureza imperfeita.
Pois, na verdade, sei que existo agora imperfeitamente.
Meu sangue é de natureza imperfeita.
Minha carne é de natureza imperfeita.
Ela é assustadora, é desprovida de qualquer excelência.

Estando assim essa vida agora,
afim de que meu sangue e a minha carne de natureza imperfeita
se sacudam e joguem para longe sua imperfeição.
Dobro meus joelhos levemente em reverência,
para o coração valoroso.

E se, quanto a mim, minha natureza se livra de sua costumeira
imperfeição de antigamente,
então, seguramente, isso não provém de todas as coisas más,
minha carne de natureza imperfeita,
meu sangue de natureza imperfeita
se sacodem e jogam para longe de si
sua imperfeição.

É por isso que você pronunciará as palavras sagradas,
as palavras-canto, para a música-dança-vôo que eu sou do que
você é.
As palavras sagradas do Pai que abraça a Criação,
para todos os destinados à Nova Terra
acima da imperfeição!

and played. It was held in a street downtown, close to the Paraíso underground station, but this didn't stop a humming bird from entering the place at ten o'clock in the evening and greeting the encounter with a song that lasted for hours, in the presence of over one hundred people. On the 25th of September, at zero hour, under a light drizzle, I arrived with more than twenty Guaranis from the Pico do Jaraguá and we began a jeroky in the middle of the Anhangabaú Valley. The Nandeva song echoed:

Tupã Papa Tenondé,
you made me rise again.
By the same way, you made the Jeguaká,
the fully crowned with plumes, also rise again.
And as for all those whom you, father that embraces creation,
didn't provide with a Jeguaká,
you also made them rise to their fullness.

For we know in truth, that we exist of imperfect nature.
For I know in truth that I now exist imperfectly.
My blood is of imperfect nature.
My flesh is of imperfect nature.
It is frightening and provided with no excellency whatsoever.

Being so this life now,
to make my blood and my flesh of imperfect nature
shake and throw far away their imperfection,
I bend my knees slightly in reverence
to the valorous heart.

And if, as for me, my nature frees itself of its
old and usual imperfection,
then, surely, this doesn't come from all the bad things,
my flesh of imperfect nature,
my blood of imperfect nature,
shake and throw far away from themselves
their imperfection.

That is why you will pronounce the sacred words,
the song-words for the music-dance-flight that I am
from what you are.
The sacred words of the Father that embraces Creation,
for all those meant to reach the New Land,
above imperfection!

Pela manhã chegaram iogues com as suas danças, corais com seus cantos, hindus, árabes. Voltei ao centro do vale com Ana Vitória. O tempo estava fechado e fiz uma dança pedindo um pouco de sol para que pudéssemos continuar. Por um instante o tempo se abriu. Ana Vitória disse que via duas entidades de luz voando em torno dela, depois penetraram no solo.

– Devem estar realizando algum trabalho de purificação – disse Ana, surpresa. Continuou andando pelo vale enquanto o povo ia se acumulando próximo ao palco debaixo do viaduto; lugar onde centralizaria as atividades paralelas. De repente uma pessoa incorpora-se e vira-se para ela:

– Eu sou o cacique Cobra Coral. Estamos juntos nessa batalha.

A chuva engrossou, só indo cessar pela tarde, quando iniciamos as danças Quetchuas. Logo em seguida vieram os xavantes e depois os guaranis. Éramos quarenta. Um pouco de cada nação. E nos pusemos a cantar. E nos pusemos a dançar. E outros povos dançaram junto. Ficamos durante horas. Ao final da tarde chegaram os babalorixás para suas danças e cantos. A essa altura me dei conta de que muita gente das mais diversas tradições já havia participado, não só como meros espectadores; aliás, não houve somente espectadores: todos os presentes dançaram e, a seu modo, realizaram uma espécie de perdão. Talvez a si mesmos. Mas não havia no público alguém que tivesse vindo observar exóticos índios. O ato acabou por durar o dia inteiro. O dentista estava lá, conduzindo a parte que lhe cabia e que sempre quis: o que ele chama de direção geral. Anunciava todos os momentos ao microfone. Falava do

By morning, Yogis came, with their dances, chorus with their songs, Hindus, Arabs. I came back to the centre of the valley with Ana Vitória. The weather was bad and I performed a dance asking for some sunshine so that we may proceed. For some time the weather cleared. Ana Vitória said that she saw two light-entities flying around her and thereafter penetrating the ground.

"They must be performing some purification task," said Ana, surprised. She kept on walking through the valley, while the people were gathering close to the stage, under the bridge. The area where all parallel activities would be centered. Suddenly, a person incorporates and turns to her.

"I am cacique Cobra Coral (Chief Coral Snake). We are together in this battle."

The rain poured heavier, stopping only in the afternoon, when we initiated the Quetchua dances. Soon after came the Xavantes and then the Guaranis. We were forty. A little from each nation. And we started singing. And we started dancing. And other people started dancing with us. We went on for hours. By the end of the afternoon came the babalorixás for their dances and songs. At that moment, I noticed that many people from several traditions had participated, not only as simple spectators; by the way, there were no simple spectators: all those present danced and, each in their own way, performed some kind of pardon. Maybe to themselves. But there wasn't anyone among the public who had come only to observe exotic Indians. Unexpectedly, the act lasted for the whole day. The dentist was there, conducting the part that was his and he had always wanted: what he called general direction. He announced all the moments on the

significado do momento. Travestiu-se de índio, com um cocar azul. E, quando o tempo estava por compor a noite, aproximou-se de mim e pediu perdão. Apertei sua mão. Com a outra segurei o mbaracá e o canto veio:

E houve por todos aqueles da primeira terra
acesso ao que não é destinado à imperfeição,
aqueles que não se perderam, sendo música,
aqueles que não se perderam, sendo vôo,
aqueles que não se perderam, sendo dança,
aqueles que, passando por música, dança, vôo,
não perderam o belo saber.
Aqueles que não esqueceram o que são.

Pequenos Tupãs,
irão seguramente para a pátria dos pequenos Tupãs.

Aqueles para quem não houve o domínio do saber,
de ser bela música,
de ser bela dança,
de ser belo vôo.

Aqueles que se uniram à fonte do mau saber.
Aqueles que se puseram distantes dos que permanecem
acima de nós.
Eles todos encaminham-se para uma totalidade desigual.

Para uma ilusão da totalidade,
para ilusão de um si.
Nossos pais primeiros deixaram antigamente as normas futuras.
Somente através delas haverá o bem viver
a quem a si tornou-se senhor do mau amor.
Colocou-se à distância dos sete pais primeiros.

Cante o seu canto, dança sua dança,
para que possa haver o verdadeiro adeus,
para que possa haver o adeus às más coisas que confeccionamos.
Cante o seu canto, dance sua dança,
para compreender o verdadeiro vôo,
para ver o bom adeus.

microphone. He spoke of the moment's significance. He was dressed as an Indian, with a blue cocar. And, when time was composing the night, he came close and asked for forgiveness. I shook his hand. With the other I held the mbaracá and the song came:

And there was for all those of the first earth,
access to that which is not destined to imperfection,
those who didn't get lost, being music,
those who didn't get lost, being flight,
those who didn't get lost, being dance,
those who, passing through music, dance, flight,
didn't lose the beautiful knowledge.
Those who didn't forget what they are.

Small Tupãs,
they will surely go to the country of the small Tupãs.

Those for whom there wasn't a mastering of knowledge,
of being beautiful music,
of being beautiful dance,
of being beautiful flight.

Those who joined the source of the bad knowledge.
Those who put themselves far away from those who stand
above us.
They all walk to an unequal totality.

Towards an illusion of totality,
towards an illusion of the self.
Our forefathers left in the past the future rules.
Only through them there will be the good living
for the one who to himself became the lord of the bad love.
He set himself far away from the seven forefathers.

Sing your song, dance your dance,
so there can be the true farewell,
so that there can be a farewell to the bad things we create.
Sing your song, dance your dance,
to understand the true flight,
so there can be the good farewell.

Entre o Mar e a Luz
Between the Sea and the Light

No dia seguinte, um domingo, levamos os parentes da Casa do Índio, cerca de quarenta, para São Vicente, litoral de São Paulo, a primeira cidade do Brasil. Iríamos fazer uma dança de reverência ao mar. Fomos convidados pelo Partido Verde e recebidos em um clube de nome Ilha Porchat. Lá, conversamos um pouco, logo pela manhã, enquanto tomávamos café. Mais uma vez estávamos junto com os verdes guerreiros das cidades urbanas. Queriam participar de nosso ato; sabiam que era o desfecho do Anhangabaú-Opá. Ficamos todos amigos. Depois fomos fazer um ritual simbólico em um restaurante de comida típica nordestina. E, logo em seguida, convidados a almoçar e ouvir as canções também daquela região. À tarde fomos à praia. Os verdes nos acompanharam. E muitos cidadãos também. Um senhor claro e também já de idade avançada, alto e forte, pôs-se a nos acompanhar pela praia e a querer saber das nossas tradições culturais. Quando paramos para dançar, perguntou se também podia. Convidamos todos a dançar o jeroky. E fomos girando, girando. Entoando os cantos pelas flautas, os sons da boca do espírito, os sons de agradecimento ao grande mar. Os tons milenares. Quando o senhor que entusiasticamente dançava conosco passou a girar para receber um grande espírito. Os militantes ficaram atônitos, achavam que ele estava passando mal, pedi que se afastassem um pouco. Ele parecia que ia cair e de repente se

The following day, a Sunday, we took our relatives from the House of the Indian, some forty of them, to São Vicente, in the São Paulo seacost, the first town of Brazil. We were to perform a revering dance to the sea. We were invited by the Partido Verde (Green Party), and welcomed at the Porchat Isle Club. There, we talked for a while, early in the morning, at breakfast. Once again we were together with the green warriors of the urban cities. They wished to join our act; they knew it was the closing of the Anhangabaú-Opá. We all befriended. Afterward, we went to perform a symbolic ritual in a Northeast regional food restaurant. Soon after we were guests for lunch and to the listening of songs also from that region. In the afternoon, we went to the beach. The Green ones followed us, as well as many other people. A pale-skinned man, well into years, tall and strong, joined us walking on the beach, wanting to know about our cultural traditions. When we stopped to dance, he asked if he could dance too. We invited everybody to dance a jeroky. And then we went round and round. Intoning the chants through the flutes, the sounds of the spirit's mouth, the sounds of thankfulness to the great sea. The ancient tunes. When the man that danced enthusiastically with us started rolling to receive a Great Spirit the participants were stunned; they thought he was feeling ill. I asked for some space. He looked as if he was going to fall but, suddenly,

ergueu. Passou a falar uma língua estranha. Não era indígena. Uma língua muito bonita. A amiga de Ana Vitória, Beth, aproximou-se rapidamente e pôs-se a conversar com ele. Um bom tempo. Chamou uma senhora, dali mesmo, da Ilha Porchat, e também conversou. Despediu-se e rumou em direção ao mar. Cantava um hino. Com a voz forte e límpida. Foi caminhando, caminhando. Caiu. Durante todo o tempo ele falara em francês. As duas únicas que sabiam eram Beth e a senhora que interpelou. Ela disse que o hino que cantou no final era muito famoso, conhecido como "A Marselhesa". As suas últimas palavras foram, em francês:

– É tempo de luz. É chegado o tempo...

Eu não me cabia de tanta surpresa. Beth disse que o espirito era um antigo templário. O presidente do Partido Verde e o vice-prefeito da cidade me faziam perguntas de como havia acontecido isso, uma vez que o senhor, velho conhecido da cidade, não falava francês. Enquanto ele levantava-se da areia, abria um sorriso e não se lembrava de nada que havia acontecido. Queria apenas dançar.

Esses passos, essa longa dança de tudo que ocorreu sobre chão, ocas, corações; são velhos movimentos em mim que o fogo queima. Enquanto fico a revê-los. Passa-me com seus anhan-guery manipuladores de almas, aqueles que as prendem na caixa-mágica eletrônica, fazendo-as falar o que nem sabem. Passam-me gestos, atos, rituais da metrópole turvando com seus contracantos e tons cinzas. Mesmo as luzes de néon não bastam para disfarçá-los. Os Tamãi, os nossos ancestrais, concederam o perdão porque vêem pelo alto e enxergam cada um pela música que são e não pelas palavras que pronunciam. O mundo esqueceu-se de sua fala

stood firm. He began to speak in a foreign language. It wasn't any Indian dialect. A very beautiful language. Beth, Ana Vitória's friend, came closer and quickly started talking to him. For a long time. She called a lady from the area, the Porchat Isle, who joined the conversation. He said farewell and went towards the sea. He sang a hymn, with a clear strong voice. He walked on and on. He fell down. All the time he had been speaking French. The only two people that knew the language were Beth and the lady that she had called upon. She said that the anthem he sang was famous and known as the 'The Marseillaise'. His last words were, in French: "It is time for light. The time has come..." I was overwhelmed. Beth said that the spirit was that of an old Templar. The Green Party's president and the vice-mayor of the city asked me questions such as how come this had happened, since the old man, well known in town, didn't speak French. While he rose from the sand, he opened a smile and remembered nothing that had happened. He only wanted to dance.

These steps, that long dance of all that happened on the ground, ocas, hearts; they are old gestures in me that the fire burns. While I stay reviewing them, they come to me with their anhan-guery soul manipulators, those who lock the souls in electronic magic-box, making them speak what they don't even know about. Gestures come to me, acts, metropolis rituals muddying with its counter-songs and grey tones. Even the neon lights aren't enough to disguise them. The Tamãi, our ancestors, granted the pardon because they watch from above and see everyone through the music they are and not by the words they speak. The world has forgotten its sacred

sagrada. Até mesmo meu povo, cujos anciãos velam o sagrado-dizer, muitas vezes deixa sair pela boca flechas de curare. Por isso invocamos o Mboraí, o grande amor, os cantos que brotam as verdades que vêm das vozes primeiras que os mbaracás entoam e que os taquapús ritimam. É assim que os guerreiros se lembram de si, cantando a própria essência, desde antes de se tornarem músicas na dança da vida. Hoje, por aqui, comemoro por mim mesmo o fim daqueles velhos anhans daquele vale. Comemoro com a noite. Os velhos anhans não amanheceram o dia, pois o sol seguinte trouxe a comunidade judaica inundando aquele lugar da branca luz de centenas de pombos em vôo festejando a paz do acordo entre árabes e israelenses. E toda a dança e toda a chuva no dia anterior haviam lavado o passado, libertado músicas antigas que ali estavam presas; antigos adornados que já há muito tempo buscavam também um vôo que os libertassem daquelas cinzas amarras, igual ao da paz das pombas, meus ancestrais presos planaram depois daquele dia; planaram para belas danças futuras irradiando arco-íris pelas plumas. Agora o nome do vale estava oco. Vazio do mal que havia. Agora era lugar de festejos. A mim não era mais dado olhar a vida como um menboktire. Já sentia-me começar a pulsar como um menononure. Fiz o ato de passagem. Uma vez Tiramãe Tujá disse que as provas que temos que passar pela vida, seja onde for, estejamos onde quer que seja o lugar, jamais deixarão de surgir a nós. E o ensinamento antigo, que vem de antes do tempo tecer sua plumagem, de que um Txukarramãe somente torna-se um Txukarramãe quando definitivamente atira suas armas no chão diante de sábios, guerreiros e pajés; coube a mim cumpri-lo, não dentro da mata

tongue. Even my own people, whose ancestors watch over the sacred saying, many times, let curare poisoned arrows fly through the mouth. That is why we invoke the Mboraí, the Great Love, the chants that sprout the truths that come from the primary voices, that the mbaracás intone and that the Taquapús give rhythm to. It is so that the warriors remember themselves, singing their own essence, since before they turned music into the dance of life. Today, here, I feast by myself the end of these old anhans from that valley. I feast with the night. The old anhans did not rise in the morning, for the following sun brought the Jewish community flooding the place with the white light of hundreds of flying doves, celebrating the peace treaty between Arabs and Israelis. And all the dance and all the rain of the previous day had washed the past away, freeing old music that was locked there; old adorned ones that had also been looking long for a flight that would free them from these grey bonds, just as the peace of the doves, these chained ancestors of mine took flight that day. They soared towards beautiful future dances radiating rainbow colours through their plumes. Now, the name of the valley was hollow. Empty from the evil it had contained. Now, it was a place for celebration. It was no more given me to look at life as a menboktire. I already felt my body pulsing like a menononure. I did the act of passage. Once Tiramãe Tujá told me that the challenges we have to overcome in life, wherever may we be, wherever that place is, will never stop coming to us. And the old teaching, that comes from before time wove its plumage, that a Txukarramãe only becomes a Txukarramãe when he finally throws his weapons to the ground, in front of wise men, warriors and

virgem, mas na cidade, na Catedral da Sé. Com todas as situações adversas. E ainda assim joguei ao chão a flecha do passado presa na garganta, a flecha da omissão. E foi feita a pintura nos grandes pajés. E selado o ato com o branco que só as rosas possuem, pedindo ao futuro harmonia entre os povos; pois foram presenteadas ao pajé d. Paulo Evaristo Arns, representando sua cultura secular, e ao pajé Henri Sobel, representando sua cultura milenar. Os guerreiros da Ordem do Arco-Íris completaram o ritual, luzindo sua tradição, testemunhando a fé daquele ato; hoje memória ao pé do fogo.

Quando disse a Tiramãe Tujá dessa prova, comentei que, embora um rito pessoal, talvez servido somente a mim mesmo, aquele desejo era grande. Mas as câmaras, os olhos eletrônicos da civilização, só viam mesmo o massacre, era o que interessava vender aos lares civilizados. Somente as grandes tragédias e não os pequenos grandes sonhos. Assim como ninguém viu pela TV as pombas judaicas brasileiras voarem pela paz.

– Mas quando você presenteou a rosa, fez com o coração? – me perguntou o velho Tujá.

– Sim.

– Isso é o que vale. Você não sabe o poder de uma rosa. E nem imagina o que é a magia dos pajés. Aqueles dias tumultuados e trágicos nos colocaram, luas depois, num encontro entre índios, negros, judeus, militantes ecológicos; no escritório de um certo guerreiro chamado Lazlo Krauz, que tinha também um sonho muito antigo. Um sonho mais velho que todos os que estavam ali. O sonho da igualdade entre os povos. Esse guerreiro colocou-se à disposição para unir tanto a luta indígena por respeito à sua cultura ancestral, aos seus sítios

pajés. I was to do it, not in the virgin forest but in the city, in the Sé Cathedral. Against all opposing situations. And still I threw to the ground the arrow of revenge, the arrow of ignorance, the arrow of lost pride, the arrow of the past stuck in the throat, the arrow of omission. And the great pajés were painted. And the act sealed with the white that only the roses have, asking the future for harmony between people; for they were offered to the pajé Dom Paulo Evaristo Arns, representing his centuries old culture, to the pajé Henry Sobel, representing his millennia culture. The warriors of the Rainbow completed the ritual, shining their tradition, giving testimony of the faith in that act; today, memories by the fireside.

When I told Tiramãe Tujá of the challenge, I commented that, even though only a personal rite, that had maybe helped only myself, that wish was a very grand one. But the cameras, the electronic eyes of civilisation, only saw the massacre that was what they were really interested in selling to civilised homes. Only the great tragedies and not the small great dreams. No one saw on TV the Brazilian Jewish doves flying for peace.

"But when you presented the rose, did you do it with the heart?" the old Tujá asked me.

"Yes."

"That is what counts. You know the power of a rose. And you cannot imagine the power of the pajé magic." Those turbulent and tragic days set us, moons after, in an Indian reunion with blacks, Jews, ecological militants; in the office of a certain warrior called Lazlo Krauz, who also had a very old dream. A dream older than all of those which were there. The dream of equity between nations. This warrior was ready to join either the indigenous struggle to gain respect for their

sagrados e à grande Mãe Terra, como a luta de outras etnias e tradições. Então passamos, através dele, a somar sonhos. E vimos, a cada reunião, povos tão diferentes alimentarem anseios tão iguais. E foi ali em seu escritório que fincamos uma bandeira de várias cores. E em torno dela nos sentimos mais fortes.

Quando eu pensava naquelas mensagens dos Tamãi passadas em público no Monumento às Bandeiras e no litoral de São Vicente, para mim parecia que eles também desejavam que a Terra Sem Males se manifestasse no plano da realidade e não só no plano do sonho.

ancestral culture, their sacred places and to the Great Mother Earth, or any other struggle for other ethnic groups and traditions. Then we came, through him, to add up dreams. And we saw, at each meeting, people so different nourishing such similar wanting. And it was there, in his office, that we grounded a flag of several colours. And surrounding it, we felt stronger. When I thought about these messages of the Tamãi that were passed to the public at the Monumento às Bandeiras and in the São Vicente sea town, to me, it looked that they also wanted the Earth Without Ills to manifest in the level of reality and not only in the level of dreams.

O caminho do Lua
Lua's path

"A terra do nosso pai, o primeiro, sofre uma destruição, mas já apareceu a terra nova. Então, nosso, pai, o primeiro, fala:
– Bom! Vá, meu filho, sobre a terra, você, meu filho primeiro-último, o pequeno. Você, que em virtude de seu saber terá conhecimento dos belamente adornados primeiros e dos belamente adornados futuros. Assim que conhecer os adornados, carregará essa minha palavra a fim de fazê-la frutificar sobre a terra."
Eu sentia que parte de uma batalha estava acabada, mas que não era hora de voltar para Krukutu nem para a aldeia do Morro da Saudade. Pedi a Ana Vitória para conversar com Sun-pan-an uma última vez. No dia marcado, eu não consegui chegar a tempo, mas ele havia deixado um recado.
– Existe uma senhora, que veio de uma cidade distante, que conhece um tapuia que vai te preparar. Em um determinado momento passará por uma iniciação de 33 dias; ao final Sun-pan-an se apresentará a ti.
Não foi difícil supor que essa senhora seria Nilde. Eu a conheci no mesmo dia no coquetel e no mesmo dia, indiretamente, fui apresentado a Sun-pan-an e ao tapuia, o Lua. Essa coincidência para mim era a confirmação de que o caminho continuaria por ali. Durante a trajetória do Anhangabaú-Opá por várias vezes Nilde havia me convidado para visitar o interior

"The earth that belongs to our father, the first, suffers destruction, but a new land has already appeared. So, our father, the first, speaks:
– Well! Go my son upon the earth, you, my first-last son, the little one. You, that by virtue of your learning will have knowledge about those first beautifully adorned and about those future beautifully adorned. As soon as you meet the adorned, you will carry my word as to make it prosper on the earth."
I felt that part of a struggle was over, but that it wasn't time to go back neither to Krukutu nor to the Morro da Saudade village. I asked Ana Vitória to talk with Sun-pan-an one last time. On the appointed day, I couldn't make it on time, but he had left a message:
"There is a lady that came from a distant city that knows a Tapuia that will prepare you. At a certain moment, you will go through an initiation process that will last 33 days; when it is through, Sun-pan-an will come to you."
It wasn't difficult to imagine that lady would be Nilde. I had met her on the same cocktail day and on the same day I was indirectly introduced to Sun-pan-an and to Lua, the Tapuia. To me, that coincidence was the confirmation that the trail was continuing there. During the Anhangabaú-Opá trajectory, on several occasions Nilde had invited me to visit the countryside, and I had always refused;

do estado e eu sempre recusara; agora sentia que tinha que ir. Eu a procurei; contei a história.

– Bom, eu não sei se sou a senhora mencionada, mas vamos este final de semana conversar com o Lua; se assim for, ele saberá lhe orientar.

E amanheci o final de semana entrando por uma cidade onde em cada esquina habitava um pé de acácia, com seus cachos dourando os cruzamentos das ruas. A família de Nilde reunira-se para conversar com o Lua. Senti que talvez tivesse ido em momento impróprio, mas fui-me deixando levar pelas cantigas que entoavam, trazendo palmeiras, riachos, bênçãos. Até se manifestar entre nós o tapuia. Abraçando a cada um cantarolando:

– ... um abraço dado de bom coração é mais que um abraço, é uma bênção, é uma bênção...

Por fim, ao abraçar-me, veio uma emoção imemorial. E pôs-se a me apresentar a todos:

– É o guerreiro sem armas, não!? Seja bem-vindo a esta família, pois também é sua. Sou conhecido como Lua.

Falou a todos da importância de tocar os pés no chão. De reverenciar o sol que nutre a pele, coração e sentimentos. Lembrou que deveríamos voltar sempre os olhos para o céu sem esquecer que os pés devem estar na terra, para não se perder o rumo. Respondeu a algumas perguntas da família. Não me senti muito à vontade para interferir explicando o meu propósito ali. Ele olhou-me e disse:

– Já esperava. Tens uma tarefa

Não foi possível continuar a conversa. Parecia que também não era o momento. Conheci então a mata daqueles arredores, conheci pequenos rios. Os verdes olhos da floresta cheios de vida e vigor, como todas do princípio dos tempos, antes das naus. E

now, I felt I had to go.

I called her; I told her the story.

"Well, I don't know if I am such lady, but we can go this weekend. Talk to Lua and if it is so, he will be able to guide you."

And I dawned the weekend going into a town in which every corner lived an acacia tree, with its clusters goldening the street crossings.

Nilde's family was gathered to talk with Lua. I felt that maybe I had come at an improper time, but I let myself be taken by the songs they intoned, bringing palms, creeks, blessings. Till the tapuia was manifested among us.

Embracing each one, singing:

"... an embrace given with good heart is more than an embrace, it is a blessing, it is a blessing..."

At last, while embracing me, an emotion came out of time. And he started introducing me to all:

"This is the warrior without weapons, isn't he!? Welcome to this family, that is also yours. I am known as Lua."

He told everybody about the importance to touch the ground with the feet. To venerate the sun that nourishes the flesh, the heart and the feelings. He reminded us that though we should always turn our eyes to the sky, we should never forget that our feet should be on the ground, as to never lose our bearings. He answered some of the family questions. I didn't feel comfortable enough as to interfere and explain my purpose of being there. He looked at me and said:

"I was expecting you. You have a task."

It wasn't possible to extend the conversation. It also seemed as if it wasn't the proper moment. I got acquainted with the surrounding forest, I came up to small creeks. The green eyes of the forest, full of life and energy, as if all was the same as in the beginning

eram de uma lucidez diante do azul do céu que me deixei esquecido naquele tempo, sentado sobre uma pedra, olhando a música que corria cristalina da cachoeira. Quando a noite cobriu com seu manto para que as vidas ali repousassem. Ficamos sós: eu, estrelas. Repousei ali minhas lembranças.

Mas agora, dentro da memória, voltando a São Paulo. Após, o frei Lency, que participou da organização do ato pelos yanomamis, me convidando para integrar uma missa aos seres da floresta no dia de São Francisco de Assis. Tinha o frescor da mata na cabeça e no coração. Fui encontrá-lo na igreja e no largo de mesmo nome. Quando entrei, uma devota me interpelou:

– Ei, não pode entrar na igreja de chapéu.

– Chapéu? Que chapéu?

Apontou minha cabeça.

– Ah, é o meu cocar. Dentro da minha tradição, quando somos convidados para um ato sagrado, usamos o cocar.

Aproximou-se um monge, que viu a cena.

– Venha por aqui. O frei te aguarda.

A igreja estava lotada. O frei segurava um imenso quadro de um lado e outro monge do outro. Sorriu. Cumprimentando-nos. Disse que iríamos até a Sé. Pediu que lhe ajudasse levando o quadro juntamente com o monge. Fomos. As pessoas olhavam o quadro e reverenciavam. Quando estávamos na rua, olhei para trás e centenas de católicos nos seguiam.

– Quem é este, no quadro? – perguntei ao monge que me ajudava.

– É São Francisco de Assis. Para nós, é o patrono da ecologia. Em sua vida, os pássaros posavam-lhe sobre os ombros. Gostava de andar descalço sobre a terra; tratava com profundo amor os animais. Tinha

of time, prior to the ships. And they looked so bright in the blue sky, that I forgot myself, seated upon a stone, watching the music that ran crystal clear from the waterfall. When the night covered everything with its coat, so that life there could rest, we stayed alone: I, the stars. I rested my memories there.

But now, inside my memories, I am coming back to São Paulo. Afterwards friar Lency, that participated in the organisation of the Yanomami's act, is inviting me to join a mass for the beings of the forest, on Saint Francis of Assisi's day. He had the freshness of the forest in his heart and mind. I went to meet him at the church, in the square of the same name.

When I went in, a pious woman summoned me:

"Hey! You can't go into church with that hat on."

"Hat? What hat? "

She pointed to my head.

"Ha! My cocar. In my tradition, when we are invited to a sacred act, we wear the cocar."

A monk that had seen everything came near.

"Come here. The friar is expecting you."

The Church was full. The friar was holding one side of a giant painting, while another monk held the other. He smiled. We greeted. He said that we were going to the Sé Cathedral. He asked me to help him carry the painting, together with the monk. We left. People looked at the painting and revered. When we reached the street I looked back and saw hundreds of Catholics following us.

"Who is this in the painting?" I asked the monk that I had helped.

"It is Saint Francis of Assisi. He is our ecology protector. During his life, the birds perched on his shoulders. He liked to walk barefoot upon the ground; he treated the animals with deep love. He had an immense gratitude

imensa gratidão pelos ventos e pelas brisas. Pelo sol e pela lua. Pelos rios e pelas folhas. Orava pelo ar que respirava e fazia poemas apaixonados à natureza.

– E era católico esse cidadão?

– Sim. Um monge. Embora a igreja da época não o visse com bons olhos. Mas fez milagres. Então ela teve que reconhecê-lo.

– Por causa dos milagres... e não pelo ser que era!? Em qualquer tribo de meu povo para ele ser reconhecido não precisaria de nenhum milagre, não precisaria nem de roupa.

– Mas aí possivelmente a igreja quis catequizá-lo – disse o monge.

Subimos a escadaria da Catedral. O quadro ficou no altar. Cumprimentei d. Evaristo Arns, que nos esperava. Pediu-me que enchesse uma bacia de prata com água da ânfora que ali estava.

– Essa água é da parte pura do rio Tietê, lá no interior – disse-me. Começou seu sermão às centenas de pessoas que estavam ali. Muitas trouxeram plantas e animais para serem benzidos. Frei Lency pediu que eu me manifestasse. Agradeci aos presentes por estar no Opy católico pela segunda vez. E as falas foram soltando do coração:

– Gostaria de lembrar uma coisa a todos. Somos tecidos da terra, do fogo, da água e do ar. E nada serviria à mais avançada inteligência se a Grande Mãe não ofertasse seu próprio corpo, suas próprias veias cristalinas, seu próprio ventre, para tornar possível existir desde o mais simples cocar à mais complexa arma atômica. Somos tecidos do tecido que tece a própria Mãe e tudo o que criamos vem dessa mesma trama. Essa trama é uma lei ancestral, é uma lei imemorial. Os povos indígenas conhecem

for the winds and breezes. For the sun and for the moon. For the rivers and for the leaves. He prayed for the air he breathed, wrote passionate poems to nature."

"This person, was he a Catholic?"

"Yes. A monk. Even though the church of his time didn't have him at heart. He performed miracles. Then the church had to acknowledge him."

"Due to the miracles... and not because of the being that he was? In any of my people's tribes, for him to be accepted no miracle would be required, not even clothes."

"But probably the church wished to catechise him," said the monk. We climbed the cathedral stairway. The painting remained at the altar.

I greeted Dom Evaristo Arns, who was expecting us. He asked me to fill a silver basin with water from an amphora that was there.

"This water is from the clear portion of the Tietê river, over there in the countryside," he told me. He began his sermon to the hundreds of people that were present. Many had brought plants and animals to be blessed. Friar Lency asked me to speak. I thanked everybody, for being in the Catholic Opy for the second time. And the speeches began to come free from the heart.

"I would like to remember you all of one thing: we are woven from the earth, the fire, the water and the air. And nothing would help the most advanced intelligence if Mother Earth didn't offer her own body, her own crystal clear veins, her own womb, to make it possible to exist, from the simplest cocar to the most complex atomic weapon. We are woven from the cloth that weaves the Great Mother herself, and all that we create comes from this same weave. That weave is an ancient law, it is a timeless law. The indigenous people knew that law. The civilised science seems to have

essa lei. A ciência civilizada parece que esqueceu. Gostaria de lembrar a todos que não são os povos indígenas que correm o risco de extinção e nem os animais e nem as plantas. Pois estes vivem de acordo com a lei. Por conhecê-la, nos tornamos guardiães da Terra. Há que se ter a ousadia de agradecer à Terra por tudo que ela dá. E, quem tiver coragem e ousar, verá o quanto nós fomos medíocres diante desta beleza...

Em seguida, d. Evaristo pediu que eu levasse a bacia com água passando por uma imensa fila pelo corredor da Catedral, enquanto que, com um ramo, ele espirrava com aquela água sobre animais e cidadãos a sua bênção. Muitos tocavam o meu cocar e faziam o sinal da cruz. D. Evaristo sorria e rezava sua reza, seu canto sagrado. Pus-me a rezar o meu. Quando a sagrada água acabou, voltei a memória sobre a noite estrelada. Voltei novamente à cidade das acácias.

Uma semana depois da Catedral. Nilde havia me procurado, pois o Lua pedira minha presença num ritual que se realizaria com seu irmão, de nome Laércio, que teria que ficar enterrado durante algumas horas, somente com a cabeça de fora. Fomos ao lugar onde fiquei sentado na pedra olhando a cachoeira. Enquanto Laércio se preparava, escolhi um canto e cavei um buraco. Ele entrou. Nós o cobrimos. Havia achado um grosso cipó retorcido que era um perfeito cajado; peguei-o e fiz um círculo em volta. Nesse ritual, ele iria encontrar com o guardião de sua tarefa. Pedimos a proteção da natureza; Tamãi. Ia começar o jeroky quando o Lua veio e participou. Laércio observava tudo, calado e tranquilo, apesar de estar somente com a cabeça de fora. Depois ficamos em silêncio. Sentamos. Em um dado momento ele disse,

forgotten. I would like to remind you all that it is not the indigenous people that are endangered, nor the animals, nor the plants. For they live in accordance with that law. Knowing this, we became the guardians of Earth. One must have the boldness to thank the Earth for all that she gives. And the one that will have the boldness will understand how mediocre we have been regarding that beauty..."

Next, Dom Evaristo asked me to take the basin and, passing among a long line of people standing in the aisle of the Cathedral, with a twig he sprinkled the water with his blessings upon animals and people. Many touched my cocar and made the sign of the cross. Dom Evaristo smiled and said his prayer, his holy chant. I started to pray mine.

When there was no more holy water, I turned my memory upon the starlit night.

I came back again to the acácia town.

One week after the ceremony at the Cathedral, Nilde went to see me, for Lua had asked for my presence in a ritual that would be performed with his brother, whose name is Laércio, who would have to be buried for a few hours with only his head out. We went to the place where I had been seated on the stone looking at the waterfall. While Laércio was getting ready, I chose a corner and dug a hole. He went in. We covered him. I had just found a thick piece of vine, which had a perfect crook; I took it and drew a circle around him. In that ritual, he was to find the guardian of his task. We asked for nature's protection, Tamãi. The jeroky was to begin when Lua came and joined in. Laércio observed everything, quiet and at ease, although having only his head out of the hole. Afterwards we remained in silence. We sat. At a given time, he said, looking at the light of the stars:

diante do brilho das estrelas:

– Iorhá-Tupá, o senhor de si mesmo, já está nesse céu.

Olhei fixamente as estrelas. Não entendi o que ele queria dizer.

– Há uma grande tarefa pela frente. Exige fé, nunca dúvida. As dúvidas abrem espaço para inimigos. Vamos por partes: faça uma fogueira, com as folhas que sabe quais são e com raízes que você também sabe quais são. Queime o passado. Depois, as folhas lhe trarão o ensinamento e a sabedoria dos ancestrais. Estava totalmente atento. Silenciou. Eu olhava Laércio, enterrado até o pescoço, coroado pelas estrelas.

– Uma pessoa, muito querida, se aproximará.

Com a voz caminhando por entre silêncio, ia falando.

– Ainda tem que enfrentar seu maior inimigo.

– Posso saber quem é?

– A sua sombra. Ainda tem que ficar só, dentro da mata escura.

Lembrei de um ensinamento assim que falou da mata escura. E ficou ecoando na minha cabeça, assim:

– Antes do princípio, sobre o mundo, havia uma montanha futura. Amerikoa. Antes do tempo tecer a sua plumagem, ainda não havia humanos. Na época da noite total o mundo era governado por duas tribos: a dos animais do chão e a dos pássaros. A dos pássaros era orientada pela águia. Houve necessidade de estabelecerem um conselho para discutir a admissão da Luz. A tribo dos animais foi contra. Então separaram-se: a tribo dos adornados, guiada pela grande águia, e a tribo dos animais do chão, comandada pelo jaguar. Os da linhagem da águia geraram os guerreiros do sol, que já eram filhos do pai sol futuro, os que vão às mais distantes

"Iorhá-Tupã, the Lord of himself, is already in the sky."
I looked closely at the stars. I didn't understand what he meant.
"There is a great task ahead. It requires faith, never doubt. Doubt opens the way for the enemies. Let us go by parts: build a fire with the leaves that you know of and with the roots that you also know which. Burn the past. Afterwards, the leaves will bring the learning and wisdom of the ancestors."
He was fully aware. He silenced. I looked at Laércio, buried up to his neck, crowned by the stars.
"A person, very dear, will approach."
With his voice moving among silences, he went on saying:
"You still have to face your greatest enemy."
"May I know who it is?"
"Your shadow. You still have to stay alone in the dark forest."
I remembered a teaching as soon as he spoke about the dark forest. And it came echoing in my mind like this:
"Before the beginning, upon the world, there was a future mountain. Amerikoa. Before time wove its plumage, there were yet no humans. At the time of total night, two tribes ruled the world: the one of the animals and the one of the birds. The eagle guided the one of the birds. There came the need to establish a counsel in order to discuss the admission of the Light. The tribe of the animals was against that. Then they parted. The tribe of the adorned, guided by the eagle, and the tribe of the animals on the ground, commanded by the jaguar. The one with the lineage of the eagle generated the sun warriors, who already were the sons of the future sun-father, the ones that go to the more distant battles

batalhas incansavelmente; os guerreiros da lua, que já eram filhos da mãe lua futura, os que defendem a oca, a família, os filhos futuros, a companheira, a terra sagrada que se permite habitar. Esses guerreiros, guiados pela águia, foram encarregados pelo conselho das águias de transportar a luz emprestada das estrelas futuras e criar os seres humanos. Para isso tinham que lutar com a tribo dos animais do chão, os que dominam a escuridão, liderados pelo jaguar. E houve a guerra. Luz e sombra. Estilhaços espalharam-se pelo mundo. Sementes que brotaram os que hoje são só vaga imagem e semelhança de humanos. E tribos, imagem das tribos primeiras, espalharam-se. O conselho das águias, após profunda reunião, refletiu e percebeu que seus guerreiros, quanto mais atiravam flechas e lanças, mais os inimigos multiplicavam-se; então, decidiu-se que os que seguiam a tradição do sol e a tradição da lua deveriam se tornar guerreiros sem armas. E foi decidido também que toda luta deveria ser tratada com amor e sabedoria, nesse mundo que ainda é só vaga imagem do mundo pensado. Só assim poderia seguir adiante uma batalha, andando sobre o bom caminho: nem tanto céu, nem tanto terra. Assim, os que são só a imagem do que poderiam ter sido, que vivem sob a imagem da luz futura, do sol futuro, da lua futura, herdaram da guerra originária estilhaços de luz e sombra e em algum momento devem se guiar pelos olhos da águia para se conhecerem e se defrontarem com sua parte dia e sua parte noite. Para isso penetraram a sós no devido tempo e na devida hora dentro da mata escura.

Calamos um tempo. Aproximei-me de Laércio e perguntei-lhe se estava bem:

untiringly; the warriors of the moon, who already were the sons of the future moon-mother, the ones that defended the oca, the family, the future sons, the companion, the sacred Earth that allows living. Those warriors guided by the eagle, were assigned by the eagles' counsel to transport the light borrowed from the future stars and create the human beings. For this, they had to fight against the tribe of the animals on the ground, the ones that dominate darkness, guided by the jaguar. And there was war. Light and Shadow. Shreds spread all over the world. Seeds that sprouted those that are today only the vague image and resemblance of humans. And tribes, image of primary tribes, spread. The counsel of the eagles, after an extensive meeting, reflected and noticed that its warriors, the more arrows and spears they shot, the more the enemy multiplied; then it was decided that the ones that followed the sun's tradition and the moon's tradition, should become warriors without weapons. It was also decided that every fight should be treated with love and wisdom in this world that is still only a vague image of the thought world. Only this way could a battle follow ahead, going along the right path: not so much to the sky, not so much to the earth song. Thus, those who are only the image of what they might have been, that live under the image of the future light, of the future sun, of the future moon, inherited from the original war shreds of light and shadows and, at some moment of themselves, must be guided by the eyes of the eagle, so as to know and face their day-part and their night-part. For this, they penetrate alone at the appointed time and at the appointed hour, into the dark forest."

We silenced for a while. I neared Laércio and asked

– Sim. Parece que estou vendo um ser.

Fui em direção ao Lua e comentei:

– É o guardião dele.

Esperamos mais um pouco e o desenterramos, depois fomos em direção ao rio e nos banhamos. Entreguei-lhe o cajado que a natureza lhe providenciara.

– É o símbolo da sabedoria dos anciãos – disse.

– É o segundo que me vem às mãos. O primeiro que achei também era muito bonito. Dei à minha irmã.

– Veja só, a sabedoria novamente está te procurando. Este é seu.

Saímos da mata em direção à casa de Nilde. Saí em direção a mim. Naquele encontro descobri que iria ter dificuldades em receber orientações diretas dessa Tamãi; era a segunda vez que, para conversarmos, precisamos estar cuidando de outros rituais. Mas estava contente, primeiro iria cuidar da fogueira, que arde agora suas últimas cinzas, suas últimas sílabas, sua última página. E as últimas labaredas das lembranças punham-me na noite daquela cidade, após conhecer o Lua, pois ela tinha o encantamento dos tempos dourados futuros, do chão futuro. Nilde havia dito que mais ao longe das luzes artificiais se podia estar mais próximo do céu. Uma de suas filhas me levou até esse lugar mais adiante. Passamos por cruzeiros, órions, trópicos. Até ficarmos em frente à Via Láctea, onde tudo que cintilava fazia um bailado, espiralando reverências ao cosmos. Os pequeninos brilhos que habitavam nossos olhos ficaram ali, somando-nos à galáxia. Enquanto debaixo dos pés a mãe Terra fazia sua dança azul para a música que vinha da imensidão; imagem da imagem, da imagem de Tupã, entoando o seu canto: Mboraí; o grande amor. Grande parte de seus filhos dormia nesse momento.

him if he was all right.

"Yes. I seem to be seeing a being."

I went towards Lua and said:

"It is his guardian."

We waited for a while, unearthed him and afterwards we went to the river and bathed. I gave him the cane that nature had provided him.

"It is the symbol of the ancient wisdom," I said.

"It is the second one that comes to my hands. The first one, that I also found, was very pretty. I gave it to my sister."

"What do you know! So wisdom is looking for you again. This one is yours."

We left the forest towards Nilde's house. I left towards myself. In that encounter, I discovered that I would have difficulties in receiving straightforward guidance from this Tamãi; it was the second time that, in order to talk, we needed to take care of other rituals. But I felt happy, first I would take care of the fire, that now burns its last ashes, its last page. And the last sparks of remembrance put me into that town night, after meeting Lua, for it had the enchantment of the golden future times, of the future ground. Nilde had said that beyond the artificial lights, one could be closer to the sky. One of her daughters took me to that place. We passed crosses, orions, tropics, until we were in front of the Milky Way, where all that shone made a ballet spiralling bows to the cosmos. The small sparks that lived in our eyes stayed there, adding us to the galaxy. While under the feet of Mother Earth they did their blue dance for the music that came from the boundless space. Image of the image, of Tupã's image, intoning his chant: Mboraí, the great love. Many of his children were asleep at that time.

Biografia

Kaka Werá é terapeuta e pahi e, como terapeuta, segue a linhagem dos pajés.

Pajé é um curador que trabalha através dos espíritos da natureza, das plantas medicinais e dos espíritos guias ancestrais.

Pahi é um difusor da memória sagrada da cultura ancestral e dos valores que edificam um ser. Tais valores têm como objetivos a paz interior e a sabedoria.

Kaka Werá teve seu aprendizado entre sábios pajés tapuia e tupi-guarani. A partir de suas experiências pessoais, pesquisas, estudos e iniciações espirituais, desenvolveu um sistema próprio de difundir a medicina e a cosmovisão indígena brasileira para a sociedade e atua através de vivências, palestras, cursos e seminários desde 1992.

Tem participado de seminários, encontros e fóruns com sábios da Guatemala, Bolívia, Chile, Paraguai, México, Estados Unidos e Índia, com a finalidade de restaurar a memória cultural, a medicina ancestral e fortalecer os laços culturais entre as três Américas.

Fundou o Instituto Arapoty, que tem o propósito de difusão cultural, estudos, pesquisas e apoio social aos remanescentes das culturas ancestrais brasileiras.

Kaka Werá realiza seu trabalho por todo o Brasil e exterior, tendo passado pela Inglaterra, Estados Unidos, México, Escócia (Findhorn), França e Índia.

Além deste, é autor de mais dois livros: *A Terra dos Mil Povos* e *Tupã Tenondé*. Focaliza há seis anos um curso de Educação em Valores Humanos na Fundação Peirópolis, baseado nas tradições indígenas, e tem prestado serviços de consultoria para a TV Globo, Canal Futura e TV Cultura em mini-séries e documentários.

É membro fundador da URI (United Religions Initiative - 1996) com sede na Califórnia (EUA), responsável pela articulação da participação da cultura indígena, focalizando o respeito às tradições nativas.

Atualmente foi convidado pelo mestre hindú Swami Dayananda Saraswati e pelo governo da Índia para integrar o Conselho Mundial para Preservação da Diversidade Religiosa e das Tradições Ancestrais, cujo patrono é Sua Santidade o Dalai Lama.

Biography

Kaka Werá Jecupé is a therapist and a 'pahi' and, as a therapist, he follows the shaman lineage.
Shaman is a healer who works using the power of nature, of the healing plants and the lineal guiding spirits.
Pahi is a divulger of the ancestor sacred memory, their culture and values that build up a human being. These values aim at achieving wisdom and peace within.
Kaka Werá learnt his skills from the wise Tapuia and Tupi-Guarani shamans. He has developed his own system from his personal experiences, researches, studies and spiritual initiations. Thus, he has been spreading Brazilian Indian medicine and cosmic vision by leading workshops, talks, courses and seminars since 1992.
He has taken part in seminars, meetings and forums together with wise people from Guatemala, Bolivia, Chile, Paraguay, Mexico, USA and India in order to restore the cultural legacy, ancestral medicine and to strengthen the cultural links around the three Americas.
Werá is the founder of Arapoty Institute, whose purpose is to spread the indigenous culture, his studies, researches and to provide social support to the remaining Brazilian tribes. Kaka Werá carries out his work around Brazil and abroad. He has been to England, the United States, Mexico, Scotland (Findhorn), France and India.
Besides this book, he is the author of two other books: A Terra dos Mil Povos *(The Land of a Thousand Tribes) and* Tupã Tenondé. *He has been the focaliser of a course in Human Values Education at Peirópolis Foundation whose purpose is to spread the indigenous traditions and he is also a consultant to Globo Broadcasting Corporation, Futura Channel and Cultura TV Network for mini-series and documentaries.*
He is also a co-founder member of URI (United Religions Initiative) based in California (USA - 1996), and in charge of structuring, through events and courses, the participation of the indigenous culture, emphasising the respect for the native traditions. The Hindu Swami Dayananda Saraswati and the government of India have invited him to take part in the World Council for the Preservation of the Diversity of Religions and Ancient Traditions, whose patron is His Holiness the Dalai Lama.